JN409871

매화에 들키다

정서윤 수필집

북랜드

책머리에

서른 즈음 나는 원인 모르는 병에 시달렸다.

캄캄한 벽과 벽 사이 막다른 골목은 끝이 없었다.

그 어디쯤에서 수필이란 지기를 만났다.

무언가를 쓴다는 것, 내 만족이고 위안이었다.

막상 남 앞에 내놓으려 하니 부끄러움만 여름나무처럼 무성하다.

생전의 그는 자꾸 책을 묶자고 채근했다.

아무것도 내세울 것 없어 보잘것없는 아내의 삶,

그것으로나마 자랑하고 싶었을지도 모른다.

하늘에서 진심으로 박수쳐 주리라 믿는다.

용기를 준 두 아들에게 고마움을 전한다.

그림을 그려준 유진 선생님, 책이 나오기까지 애써주신 분들 모두 감사드린다.

정서윤

차례

1부

소리막골

2부

가을 스케치

3부

마음의 빛을 찾아

4부

다시 겨울의 정원에서

1부

소리막골

소리막골

골 초입에 들어서니 오른쪽으로 길게 뻗은 능선이 예사롭지 않아 보인다. 나무들이 잎을 버린 산등성이는 마치 용이 꿈틀대듯 골짜기를 향해 걸어가는 우리를 앞서 길을 안내하는 것 같았다. 계곡의 야윈 물소리는 얼음 속으로 가늘게 속삭이며 골짜기 밖으로 내려가고 우리는 골 안쪽으로 올라갔다.

능선이 구불구불 걸어가다 멈춘 것 같아 잡고 가던 길을 잠시 놓고 고개를 들었다. 골 막바지에 다다른 것이다. 언제부터 전해 왔는지 알 수 없으나, 그곳은 소리막골이라고 앞서가는 이가 말했다. 제법 널찍한 터를 잡고 나직하게 엎드려 있는 초가집 한 채가 외로워 보인다. 마당에는 늙은 감나무 한 그루가 충직하게 버티고 선 채 나그네를 맞았다. 누군가가 거처하고 있는 것 같은데, 집은 비어 있었다. 소리꾼 한 사람이 살고 있다고 일행이 귀띔을 한다. 예부터 소리가 머물던 곳이었을까? 소리막골에 소리꾼이 살고 있다는 것은 필연일 수도 있겠다는 생각에 신비한 전설 한 토막이 상상의 나래를 편다. 꼭 한번 찾아오리라 마음을 다지며 재촉하는 일행을 따라 수레 길을 찾아 나섰다.

신라의 신문왕이 월성에서 문무대왕의 혼을 모셔놓은 감은사까지 수레를 타고 갔다 전해지는 길. 옛 길을 찾아 떠나는 사람들을 따라 답사 차 가는 길이었다. 겹겹의 세월은 길을 지우며 흘러갔던 걸까. 수레 길이 거기 어디쯤에 있었다는 기록이 있다지만, 일천오백여 년의 세월이 길을 지켜내지 못했다. 전해져 오는 이야기만 분분할 뿐 왕의 옛길은 어디에도 남아 있질 않았다. 세월이 지켜내지 못한 것이 어디 길뿐이랴. 천년의 왕조가 펼친 그 찬란했던 영화도 간 데 없어, 영원한 것은 어디에도 없다고 길 없는 길이 무언으로 전하는 것 같았다. 바람이 앞서가는 산길 중간에는 나무들이 여기저기서 길을 막는다. 빈가지에 걸려있던 엷은 햇살이 우수수 떨어지니, 뒤질세라 또 한 무리의 바람 소리는 나무 사이로 달려나가 다시 길을 묻고 있었다.

소리막골과의 해후는 며칠이 지난 저녁 무렵에 이루어졌다. 그곳에 도착하자 산골의 겨울 해는 급히 산을 넘었고, 노을도

바쁜 듯이 따라가 버렸다. 그 새 어둠이 슬그머니 내려오더니 산을 감싸 안고 봉우리들을 표 나지 않게 삼켰다.

나는 어둠과 어울려 휘적휘적 초가집 마당으로 들었다. 방안은 촛불이나 호롱불인지 희미한 불빛이 창호지를 바른 문 밖으로 새어나왔다. 그림자 두엇이 문에 어른거린다. "계십니까?" 하려는 순간, 방에서는 소리가 시작되었다. 기척을 내려던 내 소리는 싱거운 듯 안으로 기어들어왔다. 예고 없이 찾아간 객이 방해가 될까봐 소리가 끝날 때까지 기다리기로 맘을 정했다. 본의 아니게 남의 소리를 몰래 듣게 된 것이 꺼림칙하였으나 어쩔 수 없었기에 울도 담도 없는 뒷마당으로 발길을 옮겼다. 부엌 아궁이에 장작을 지폈는지 굴뚝으로 피어오르는 연기는 솔 내가 스며있다. 마침 굴뚝을 감싸고 있는 펑퍼짐한 밑자리가 훈훈했다. 그 곁에 앉아 소리가 끝나길 기다렸다.

깊어가는 밤의 정적 때문일까. 방안에서 나오는 소리는 한층 더 신비스런 감성으로 전해온다. 폭포에 물이 떨어져 흘러넘치듯, 소리는 방안을 휘젓고는 밖으로 쏟아져 나왔다. 여자의 소리는 먼 산의 누군가를 부르는 소리 같다가 다시 한차례 설움에 차 애절했다. 이어 남자의 소리. 고음과 저음 사이에서 터지는 비음의 날카로움이다. 깊은 강 두꺼운 얼음이 봄바람에 쩌 정쩡! 갈라지는 소리가 아마도 저러하지 싶었다. 쉰 소리를 맑게

걸러낸다고 할까. 득음은 맑은 소리를 맑게 내는 것이 아니라 쉰 소리를 맑게 내는 것이라 들었다. 득음의 경지를 나는 알지 못한다. 세상에서 가장 긴 오르막이 득음이라 하였던가. 이 밤중에 누군가를 사로잡는 소리가 바로 득음이 아닐까 하는 생각을 했다. 감동은 그런 것이 아닐까. 기쁨이나 슬픔도 아니면서 가슴을 흥건히 적셔내고, 막혔던 무언가를 확 뚫어내는 유장한 소리 말이다.

우리 땅에 뿌리내려 자생하고 있는 질경이나 제비꽃처럼 끈질긴 생명력으로 이어져 온 우리 소리 민요와 농요. 한 많은 무녀들이 울음을 음악으로 만들었다면, 그는 민초들이 살아온 고달픈 삶을 구슬프게 소리로 풀어내고 있었다. 불빛 희미한 문을 통해 흘러나온 소리는 허공으로 퍼져가는 것이 아니라 가슴속으로 들어와서 파장을 일으켰다. 나를 세상에 데려오기 전 이미 어머니 뱃속에서 들었던 소리는 아니었을까. 근원을 만난 것처럼 익숙한 곡조에 젖어 들었다.

두레로 한 달 가까이 하루도 쉬지 않고 무논에 엎드려 모를 심던 사람들이 노동의 고달픔을 달래던 모심기소리, 시끌벅적한 시골장날 구름떼처럼 사람들을 모여들게 했던 각설이 타령, 동지섣달 긴긴 밤 할머니가 무릎이 닳도록 삼을 삼으며 부르던 백발가, 이승을 하직한 할머니를 실은 꽃상여가 골목을 지나 앞산으로 갈 때, 상두꾼들 앞에선 냉천 어른이 요령을 흔들어 대며 구슬피 토해내던 상여소리. 세상을 떠나는 영혼마저 소리로 한을 풀어서 보냈던 상여소리는 온 동네를 울리고 산천을 울렸다.

입으로 전해져 온 우리 민요는 민초들의 가슴에 뿌리를 두고 있다. 잔치판에서 한바탕 신명나게 불렀던 것이 아니었다. 초근목피로 배고픔을 대신하고 산골을 누비며 산나물을 뜯을 때 지친 시름을 달래던 소리가 아니었을까. 우리 강산의 바람에 실려, 다닥다닥 붙은 다랑논두렁을 걸어, 황토언덕 사래 긴 보리밭을 더듬어 왔다. 생솔가지 활활 타오르는 아궁이 앞에서 부지깽이 장단으로 풀어지는 그 소리는 누군가에게 들려주려 했던 것이 아니라, 내가 불러서 내 속의 한을 풀어냈을 것이다.

대대로 땅을 일구며 살아온 선조들의 삶속에서 절로 배어 나온 농요 또한 천지와 소통하는 통로가 아니었을까. 어릴 적 고향마을에서는 한 해 농사일을 시작하기 전, 정월 대보름이면 지신밟기를 했다. 동네 어른들이 대밭 모퉁이에 모여 사물을 두드리고 상모를 돌리며 집집마다 지신을 밟았다. 소리로 하늘을 달래고 춤으로 땅을 얼러 재앙을 막고 풍년을 비는 기원이었으리라.

소리막골에는 역사 속에 사라져간 왕의 옛 길처럼, 점차 사라져가고 있는 우리 가락의 명맥을 잇고, 그 원형을 보존하려 혼신을 기울이는 우직한 소리꾼이 살고 있다. 그는 서민의 아픔 속에 숨겨진 희망과 기쁨의 외침을 알고 있는 듯, 민족의 애환과 혼이 담긴 소리를 질박하게 풀어내고 있었다.

긴 강물처럼 곡절을 겪으면서 흘러 온 우리 소리. 소리막골에는 걸쭉하게 잘 익은 농주 맛 같은 우리 민요와 농요가 한창 농익어 가고 있다.

곰배

아무리 예쁘게 보려 해도 볼품이 없다. 뭉텅한 나무토막에 긴 자루 하나를 쿡 박아놓은 저 물건! 슬쩍 봐도 못생겼다. 자세히 보면 더욱 못난이다. 사람이든 연장이든 인물보고 평가할 것은 아니지만, 못난 건 못난 것이다.

나의 어릴 적 별명은 곰배였다. 별명이 곰배인데 사람들은 이름인 양 곰배라 불렀다. 내가 엄마 뱃속에서 이 풍진 세상으로 나올 때 도대체 어떻게 생겼었기에 곰배라는 별명을 얻었을까? 내 기억조차 없는 증조할머니께서 저 물건의 이름을 내게 별명으로 붙여주고 세상을 뜨셨으니, 어디 물어볼 곳도 없어 답답할 노릇이다.

초등학교 가서도 이름은 출석부에 올려놓고 곰배를 명찰처럼 달고 다녀야 했다. 그건 순전히 윗마을에 살던 반장 글마 때문이었다. 글마는 서윤이라는 고운 내 이름 대신 늘 곰배라 불러 내 심기를 건드렸다. 하도 분하고 원통해서 막내고모에게 하소연을 했다. 고모는 그런 내 마음을 아는지 모르는지 웃으며 자근자근 설명을 해 주곤 했다. 어른들이 귀여워서 그런 별명을 준 거라고. 잘생긴 아이를 못난이라 부르는 것처럼 예쁘다는 말을 거꾸로 한다는 것이다. 고모의 말을 굴뚝같이 믿으려 했으나 곰배는 철이 들 때까지도 떨쳐버릴 수 없는 나의 콤플렉스였다.

친정에 들렀더니 어머니가 무를 파 가라고 하신다. 담 밑에 깊숙이 묻어둔 무 구덩이를 파내려고 호미를 찾으러 광에 갔다. 얼마 전까지 농사를 거들던 농기구들이 천덕꾸러기가 되어 광을 지키고 있었다. 흡사 무겁게 짊어지고 온 삶을 부려놓고 동구 밖에 외롭게 앉아있는 촌노의 모습 같았다. 어머니는 처신이 궁색해진 연장들을 당신이 입다 벗어놓은 철 지난 옷가지들처럼 소중히 갈무리해 두었던 것이다. 컴컴한 창고 안을 더듬더듬 둘러보고 있는데 불현듯 내 어깨를 치는 것이 있었다. 곰배였다.

보리밭은 사라지고 사람들도 떠나고 없는데 곰배는 오랜 유배를 풀고 밭으로 나가 보리를 묻을 태세다. 나는 못 볼 것을 본

것처럼 아무짝에도 쓸모가 없는 주제에 하며 속으로 비웃으니, 곰배가 받아친다. "실체는 보지 못하고 허상만 보느냐"고 못생긴 것이 허상만 쫓아온 나를 되레 한방 먹이려 한다. 잠재의식 속에 아직도 어릴 때 느낀 열등감이 자리하고 있었던 모양이다. 서투른 목수 연장 나무라듯 내 못난 탓을 곰배에게 떠넘기려 하고 있다. 녹록치 않은 세상을 살아오다 만난 상처들을 그렇게 분풀이하고 싶었는지도 모른다.

내가 태어난 고향은 기름진 땅이나 논은 많지 않았으나 큰골에서 발원한 참샘이 사철 흘러 내렸다. 마을 뒤 황토 언덕을 오르면 제법 널찍하게 초원이 펼쳐졌다. 먼 옛날 사람들은 그 넓은 땅을 보고 터전을 잡았으리라. 그러나 땅이 너무 척박해서 다른 농작물은 부치지 못하고 보리만 무성했다. 지척에 있는 바다 위를 질주하던 바람은 심심하면 산을 넘어와서 보리밭에 파도를 일으켰다. 앞산 뻐꾸기 피울음 토하는 배고픈 오월은 느릿느릿 뒷걸음질을 치고, 아이들은 익지도 않은 보리밭 사이를 서성거리면 현기증이 났다. 샘물에 꽁보리밥 말아먹고 배가 부르면 현기증이 사라졌다.

보리가 가난한 시절의 주식이었던 것처럼 곰배는 긴 세월 동안 척박한 땅을 일구며 살아온 사람들과 애환을 함께 해 왔다. 보릿고개 허기진 길을 함께 넘어온 지난한 세월의 동반자인 것이다. 다양하게 쓰이는 다른 농기구와는 달리 곰배는 보리를 묻을 때 외는 그 소용이 있으나 마나한 희미한 존재다. 흔하게 굴러다니는 나무토막에 자루 하나 끼워 넣었으니 처음부터 잘생긴 것하고는 담을 쌓은 것이 곰배다. 그러나 세상만물은 못나도 저마다 쓰임새가 있는 법. 호미가 제 아무리 날렵해도 흙을 파헤치기나 할 뿐 보리를 묻을 수는 없는 것이다.

곰배는 땅을 일구는 대신 일구어 놓은 땅을 다지는 데 쓰였다. 파헤쳐지고 갈아엎어진 흙을 부드럽게 다독여 준다. 그럴 때 곰배는 어머니의 손과 같다. 살면서 상처받고 힘든 자식들의 눈물까지 토닥거려 주는 어머니와 같은 것이다. 속이 뒤집힌 밭고랑을 노닥노닥 두드려 달래고 어르는 곰배의 역할을 다른 농기구는 할 수 없는 일이었다. 한 번도 자신을 내 세운 적 없으면서 뒤에서 묵묵히 제 일을 해내는 곰배의 역할이 있었기에 우리는 배 고프고 힘든 시절을 넘긴 것이다.

이제는 누가 봐도 한물 간 연장이 되어버린 곰배. 한때는 융숭한 대접을 받았다. 집집마다 농기구를 모아두는 헛간을 들여다보면 식구 수보다 더 많은 곰배를 벽 쪽에 줄 세워 놓았을 때다. 보리밭에서 사람들의 손놀림이 바빠질 때는 자루가 반지르르 하도록 윤이 났다. 헛간에 걸린 곰배의 수를 보고 하염없이 배가 부른 적도 있었다.

세상에는 육십억이 넘는 사람들이 살고 있는데, 마음을 들여다보면 하나같이 자신이 못났다고 생각하는 사람은 없을 거라고 어느 성직자는 말했다. 모두가 자신이 잘났다는 마음으로 산다는 것이다. 곰배라는 유년의 내 별명은 못생겼다는 피해 의식으로 마음 한 구석에 자리잡았던 모양이다. 곰배라는 말만 들어도 목에 가시처럼 걸렸던 것이 잘났다는 한마음 때문이란 걸 이제 알 것 같다.

세월은 눈 깜빡할 사이에 나를 여기까지 데려왔다. 요즘 유행하는 우스갯소리로 성형수술 한 여자나 하지 않은 여자나 별반 차이가 없다는 오십대의 여자로. 이쯤에서 평생 품고 온 열등감 따윈 과감히 내쳐야 할 것 같다. 아무런 죄도 없이 내게 원망만 들어먹은 곰배와도 이제 화해를 해야겠다. 증조할머니가 내게 곰배라는 별명을 유언처럼 남겨주신 것이 단순히 못생겼기 때문만은 아닐 터이다. 내 허물은 감추고 남의 허물 뒤집는 것이 사람의 묘한 심리일진대, 남의 허물 덮어주기가 곰배처럼 그리 쉬운 일은 아닌 것이다.

이제 더도 덜도 말고 곰배만큼만 살아야겠다. 흙의 가슴을 가만히 덮어주고 그 흙속에서 푸른 보리가 자라도록 갈무리해 주는 곰배의 역할이야말로 너나없이 저만 잘났다고 하는 이 세태가 본받아야 할 훌륭한 가치가 아닐 수 없을 것이다. 그러므로 나는 이제 누가 곰배라 불러달라고 은근히 부탁이라도 하고 싶다. 곰배의 묵묵하고 헌신적인 삶이 내 삶이었으면 하고 바라기 때문이다.

매화에 들키다

꽃 피는 봄날에 도둑질을 하다가 오지게 들킨 적이 있다. 봄꽃이 분분히 천지에 흩날리면 이상하게 마음도 흩어져 이산저산 내달리는 바람 같아 잡을 길이 없다.

목 조각을 하는 선생의 차실에서 차를 마신 것이 아무래도 우연이 아닌 듯싶다. 차실에 들어서는 순간 눈길을 잡은 반가사유상. 흑단목으로 조각한 반가사유상이 아득히 멀어져간 세월을 거슬러 온 걸까. 명상에 잠긴 채 서안 위에 묵묵히 앉아 있었다. 나는 그 앞에서 반갑고 놀라워서 숨이 콱 막힐 것만 같았다. 몇 해 전, 국립중앙박물관에서 삼국시대 불상인 금동미륵보살반가상을 만난 벅찬 감동이 마음에 각인되어 떨쳐버릴 수가 없었기 때문일 것이다.

독일의 철학자 야스퍼스는 반가사유상을 보고 인간이 지닌 마음의 평화를 남김없이 최고도로 표현했다고 했다. 고대 그리스나 로마의 어떤 조각 예술품과 비교할 수 없을 정도로 매우 뛰어나며, 감히 인간이 만들 수 없는 살아 있는 예술미의 극치라고 하였다. 어느 예언가는 말했다고 한다. 만약에 지구가 멸망해 지구 밖으로 던져야할 한 가지가 있다면 바로 반가사유상이라고.

세상에 태어나서 고해의 바다를 허우적대다 죽을 수밖에 없는 인생의 무상함을 관조觀照하고 있는 걸까. 오른쪽 다리를 왼쪽 무릎에다 올리고 손으로 턱을 괜 채 사유에 잠겨있는 모습은……. 그러나 입가에는 이미 깊은 사색에서 벗어나온 듯 고요한 미소가 해맑다. 마음을 촉촉이 적시는 미소에 사로잡힌 것인지, 찻잔 가득히 따라주는 차를 마실 겨를도 없이 나의 시선은 온통 미륵반가사유상에 빼앗겨 버렸다. 바라볼수록 신비스러움은 더했다. 조각을 빚은 선생의 투박한 손을 물끄러미 바라봤다. 영혼이 투명하지 않으면 불가능할 것이라는 생각을 했다. 예술작품은 작가의 혼이 배어있으므로 바라보는 사람에게 감동을 줄 수 있다. 긴 세월 한길을 걸어온 조각가의 혼이 고스란히 깃들어 있음이 느껴졌다.

선생이 조각한 반가사유상은 흑단목이었다. 베트남, 캄보디아, 나오스 등 열대 지방에서 자생하는 나무로 천년을 자라야 나무속에 연필심 같은 까만 뼈가 생긴다고 한다. 이는 돌보다 단단하여 물에 가라앉는다고 했다. 우리나라의 주목을 천연기념물로 보호하고 있는 것처럼 흑단 목은 세계적으로 보호되고 있는 나무이며 순금과 같은 가치를 두고 있어, 인연이 닿지 않으면 구입하기가 매우 어려운 나무라고 하였다. 선생은 돌보다 더 강한 흑단목으로 반가사유상을 완벽하게 조각을 해놓은 것이다. 거기다 맑은 예술혼을 불어 넣어서일까 안온한 빛을 발하고 있었다.

저 평화롭고 무구無垢한 모습이 바로 우리 인간의 본래 모습이 아닐까. 그날 이후로 나는 상사병에 걸린 사람처럼 눈을 감아도 반가사유상이 떠올라 도저히 견딜 수가 없었다. 분재로 키우던 야생 매화나무가 호위병처럼 서서 전시실 앞을 지키고 있었다. 전시실 안을 자세히 살펴본 것은 얼마 후였다. 전시실 안에는 헤아릴 수 없을 만큼 많은 목 조각 작품들이 있었으나, 오직 내 눈에 보이는 것은 반가사유상뿐이었다.

황막한 겨울을 견디어낸 매화가 움을 틔워 봄을 깨우고 있을 때였다. 나는 얼쩡거리며 게으름을 피우는 겨울의 등짝을 쳐 떠밀어냈다. 피지도 않은 매화꽃을 보러 간다는 핑계로 선생의 뜰

에 발걸음이 잦아졌다. 말은 매화를 본다고 했지만, 매화나무가 지키고 서 있는 전시실에 앉아서 깊은 사유에 잠겨있는 반가사유상을 훔쳐보며 눈독을 잔뜩 들이고 있었다. 문이 열린 날은 가까이 가서 짝사랑하는 사람 만나듯 눈으로 실컷 쓰다듬었다. 하지만 문이 닫혔을 때는 창 밖에서 처연히 바라보다가 아쉬움만 안고 돌아왔다.

봄이 익어갈 무렵, 더디어 매화가 향을 터트렸다. 꽃망울이 일제히 눈을 떠 구름처럼 피어올랐다. 가히 환상적이었다. 진한 향에 취해 할 일 없이 매화나무 사이를 뒤 무거운 강아지처럼 맴돌았다. 옛 사람들이 말하기를 함부로 향기를 팔지 않은 매화는 사람을 고상하게 만든다 하였던가. 햇살은 아지랑이를 감아올리느라 한창이고 매향은 아편처럼 스며들어 내 의식을 몽롱하게 했다.

손님이 찾아왔는지 선생은 차실에 있었다. 나는 문이 열려있는 전시실로 발걸음을 옮겼다. 몰래 들어가는 내 뒤로 매향이 따라 들어왔다. 줄을 지어 앉아있는 반가사유상 앞에 선 나는 빠르게 하나를 집어 들어 둘러맨 가방 속에다 넣고 말았다. 나도 모르게 훔친 것이다. 순간이었다. 가슴이 두근거리고 다리가 후들거렸다. 태연한 척하며 천천히 걸어 문 밖으로 발을 내딛는 순간, 아뿔싸! 문 밖에는 환하게 눈을 뜬 매화가 일제히 나를 째려보고 있었다. 들켜버렸구나! 그제야 정신이 번쩍 들었다. 난감했다. 하는 수 없이 나오던 발길을 돌렸다. 반가사유상을 끄집어내어 있던 자리에 두고 허둥지둥 밖으로 나오는 길에 매화꽃들이 하나같이 눈을 깜빡거렸다.

내 살아오면서 이토록 간절하게 가지고 싶은 것이 또 있었던가. 그랬다. 무엇이든 내 분수에 넘치는 것은 가져볼 생각도 않았고, 내게 없는 것을 원하기보다는 있는 것에서 기쁨을 찾으려 애쓰며 살았다. 한데 무슨 연유로 분수에 맞지 않은 반가사유상에 이리도 집착을 하는지 알 수 없는 일이었다.

도둑질하려다 어찌나 용을 썼던지 집으로 돌아와서 그만 몸살이 나고 말았다. 몇 날을 시름시름 앓고 있는데 선생이 전화를 했다. 맛있는 차가 생겼으니 마시러 오라는 전갈이다. 몸보다는 양심이 아프던 터라, 반가사유상 앞에 가서 참회라도 하리라 맘을 먹고 자리를 털고 일어났다.

선생이 차를 우려 놓고 기다렸다. 긴 다상 한쪽에 내가 훔치려다 놓고 온 반가사유상이 아무 일도 없었던 것처럼 앉아서 나를 기다리고 있는 것 같았다. 그때 난데없이 선생이 내게 반가사유상을 선물로 주겠다고 했다. 심혈을 기울여 완성한 귀한 작품을 몰래 도둑질한 날강도에게 말이다. 나는 그리할 수는 없노라고 손사래를 쳤지만 내심으로는 어찌나 좋던지 일어나 춤이라도 덩실덩실 추고 싶었다. 한편으로는 가느다란 바늘이 내 양심을 꼭꼭 찔러댔다. 도둑이 발이 저린다는 것이 아마도 그런 것이 아닐는지. 혹시 내가 힐끔거리며 가방 속에 넣는 걸 본 건 아닐까? 아니면 마음속을 꿰뚫어 본 걸까! 그 상황을 도저히 견딜 수 없어 반가사유상을 훔치려다 매화에게 들켰노라고 고해성사를 하듯 심증을 밝혔다.

"그리 간절했으면 하나 달라고 하지."

선생은 반가사유상을 내게 주면서,

"훔쳐 가려거든 차라리 나를 좀 훔쳐가지 호호호……."

특유의 농담으로 나의 무안함을 덮어주려 애를 썼다. 사실 나는 조각에 서려 있는 고귀하고 맑은 영혼을 훔치고 싶었는지도 모른다.

아무런 대가 없이 내게 건네준 반가사유상. 무지한 욕심에 눈이 멀어 덥석 받긴 했어도 선생의 깊고 오묘한 뜻을 어리석은 내가 어찌 다 헤아릴 수 있으랴. 다만 반가사유상 앞에 손을 모아 내 마음이 조금씩 낮아질 때마다 그 깊은 뜻이 깨우쳐지리라 믿는다.

눈물

새는 이미 품으로 날아갔다. 봄꽃처럼 와서 봄꽃처럼 갔다. 새가 있던 자리엔 허공만 둥그렇다. 텅 빈 거실엔 새의 발자국만 가득히 남아있다.

이태 전, 며느리는 태어난 지 3주가 된 손자를 내 품에 내어주고 대구직장으로 가야했다. 남편의 자리를 아이가 메웠다. 밤낮이 바뀐 아이 때문에 나도 밤낮이 바뀌었다. 진자리 마른자리 갈아 뉘며 날마다 아이로 시작해서 아이로 끝났다.

손자를 받아 두 해 동안 키워 보내고 나는 사흘 밤낮을 목 놓아 통곡했다. 두 돌이 지나도록 내가 품어 키웠지만 아이는 한 치의 미련도 없이 제 엄마 품에 안겼다. 그런 아이를 생각하면 시원섭섭할 일이지 사흘 밤낮을 눈물 흘릴 일은 아닐 것이다.

남편은 췌장암 선고를 받고 3개월을 채우지 못하고 서둘러 저세상으로 갔다. 생전에 맺고 끊음이 확실하고 급한 성격이더니 마지막도 그대로였다. 자기 천성은 어쩔 수 없는 모양이었다. 엊그제 밥상 앞에 마주앉아 있던 사람이 갑자기 숨을 거둔 것이 기가 막혔고, 어떻게 살까를 생각하니 심장이 막혔다. 그가 떠났다는 사실보다 내가 혼자 남겨졌다는 사실이 더 서러웠다. 그러나 어떤 말도 할 수 없었고 눈물도 나오지 않았다. 억장이 무너지는 일을 당하면 눈물조차 나지 않는다는 것을 그때 알았다.

죽을 고비를 몇 번이나 넘기며 골골거리는 나에 비해 그는 평소에 감기 한번 앓지 않던 건강한 사람이었다. 마라톤 풀코스를 수십 번 뛰었다. 하루에 십 킬로미터 뛰는 것을 가벼운 운동으로 여겼다. 그런 그에게 죽음이 벼락처럼 닥칠 줄은 꿈에도 몰랐다. 갑작스런 죽음을 받아들인다는 자체가 내겐 불가능한 일이었다. 이렇게 해볼 걸, 저렇게 했더라면, 차라리 항암치료를 하지 않았더라면 더 살 수 있지 않았을까? 후회막급했지만 이미 이 세상 사람이 아니었다.

화사한 꽃들이 난만히 어지럽던 봄날. 그는 봄꽃 불러 상여 타고 산을 올랐다. 누구나 한번은 떠나야 하는 길이건만, 그 길에 서둘러 나선 그의 죽음이 안타까워 눈물도 나지 않았다. 마른 눈물로 사십구제를 마쳤다. 그를 보낼 때 산자락에 핀 꽃들이 함께 산을 오르더니. 사십구제를 지내고 나니 푸른 도포자락을 휘날리며 신록이 산을 내려왔다. 그는 속절없이 가버렸고 세상은 달라진 게 아무것도 없었다. 내 마음속만 하수관처럼 휑하니 뚫려버렸다. 밤마다 가위에 눌려 잠을 들 수가 없었다. 그러다 갑자기 천근이나 되는 돌을 올려놓은 듯 가슴이 갑갑해오기 시작했다. 숨을 쉬는데 생살을 찢어발기는 것처럼 가슴이 따가웠다. 그도 이러다 저세상으로 간 것은 아닐까 싶어 엉겁결에 찾아간 곳이 한의원이었다. 몸속에 차오른 화가 중치를 막아 숨통을 조이는 것이라 했다. 머리부터 발끝까지 부황을 뜨고 사혈을 했다. 가슴께와 머리 중앙 정수리를 뚫어서 사혈을 하는데 검은 핏덩이가 보기에도 끔찍스러웠다.

이 풍진 세상에 일엽편주 같은 나를 던져놓고 간 그가 몹시 원망스러웠다. 살아오는 동안 남편이 잘 해준 것은 간 곳 없고 잘못한 것들만 자꾸 떠올라 억울했다. 여태껏 잘 해준 것 하나 없으면서 끝내는 나 혼자 내팽개쳐 두고 먼저 간 그가 미웠다. 그러다 나 혼자 어쩌라고 하는 생각에 사로잡히기만 하면 화가 치밀어 견딜 수 가 없었다. 할 수만 있다면 저승까지 쫓아가 멱살을 잡아 끌고 와서라도 따지고 싶었다. 끓어오르는 화가 내 몸

속의 기를 차단해 버렸으리라. 억울함이 복받쳐 눈물도 나오지 않았을 것이다.

남편의 빈자리를 쳐다보며 그렇게 한 해를 넘겼다. 죽은 사람은 어쩔 수 없이 잊혀져가고 산 사람에게는 또 다른 삶의 방식이 주어지는 모양이었다. 그는 그렇게 떠나버렸고 내게는 거부할 수 없는 사랑이 찾아왔다. 사랑하지 않고는 도저히 배길 수 없는 가슴 벅찬 사랑이었다. 나는 그 사랑에 혼신을 다했다. 어떠한 생각도 비집고 끼어들 틈이 없었다. 심지어 그가 죽고 없다는 것조차 잊어버릴 때가 있었다. 그가 살아있었다면 꽤나 질투를 했을 것이다. 아이의 재롱에 빠져 지내다 어느 날 정신을 차리고 보니 꼬박 두 해가 눈깜짝할 사이에 지나갔다. 그 사이 나는 아마도 시간의 흐름을 의식하지 못했던 것 같다. 고통스럽고 힘든 시간을 내리사랑으로 견뎌냈던 것이리라.

어느덧 그를 저세상으로 보내고 삼 년이 지났다. 잠시 의식 못하는 중에도 시간은 빠르게 흘러갔던 것이다. 내 슬픈 날들을 잊게 해준 손자를 어미 품으로 보내고 나서야 내 몸에 이상이라도 생긴 것일까? 그동안 마른 우물 같았던 내가 사흘 밤낮을 울었다. 울음은 홍수처럼 밀려왔다. 볼테르는 눈물은 슬픔의 말없는 말이라고 했다. 슬프다고 말하는 것보다, 슬퍼서 흘리는 눈물이 슬픔이란 말보다 더 참말이라 했던가. 그동안 기가 막혀

서, 억울해서, 억장이 무너져 나오지 못했던 눈물이 한꺼번에 쏟아진 것이리라.

어떻게 살아갈까? 아직도 막막하다. 하지만 어쩔 수 없는 일이다. 그만을 의지해 살아온 내 삶을 이제 청산해야 한다. 울어 봐도 후회해도 소용없다. 뜬금없이 저세상으로 가버린 사람을 향한 억울함과 분노도 다 부질없는 일이다. 봄이 가면 가을이 오듯 사람도 사물도 시간이 되면 다 떠나가는 것이다. 시간을 붙잡지 못할 바에야 잘 보내 주는 것도 한 방법일 것이다.

남편의 빈자리에 들어와서 내 삶을 충만하게 했던 손자도 제 어미 품으로 돌아갔다. 회자정리會者定離, 공수래공수거이다. 세상사 인연은 그렇게 가고 오는 것이리라. 그를 보내고 가장 절실하게 느낀 것은 세상 그 무엇도 영원히 머물러 있는 것은 없다는 것이다. 사람도 꽃도 강물도.

그가 내게서 천천히 멀어져 가고 있다.

아나뜨마

산여동 가는 길. 갑자기 산위에서 썩은 나무둥치와 성근 가지들이 굴러 내려와 길을 막는다. 덜컥 겁이 났다. 할머니가 경험했다는 어릴 적 들은 이야기가 떠올랐다. 깊은 산골에서 범이 사람의 기척을 감지했을 때 가까이 오지 말라는 신호를 보내는데 돌멩이를 굴려 이를 알린다고 했다. 가슴을 조이며 산중턱을 올려다보니 새치가 희끗한 생머리를 소녀처럼 뒤로 묶은 그녀가 천진한 웃음을 머금고 내려다보고 있다. '아나뜨마' 다.

산 위에서 나무를 굴리는 것은 나무를 쉽게 하는 방법이라고 언젠가 그녀가 했던 말이 생각났다. 성근 나무들을 골 아래로 굴러내려 놓으면 지게로 져 나르기가 훨씬 수월하기 때문이라고 했다. 겨울이면 그녀는 다람쥐 도토리 주워 모으듯 나무를 해 날랐다.

"그녀는 세상과 돈의 가치를 부정하려 들지 않지만 집착하지 않습니다./ 부보다 더 값진 것이 무엇인지 어렴풋이 깨닫고 있습니다./ 마음의 평안을 으뜸으로 칩니다./그것이야말로 그녀의 종교입니다./ 요즈음 세상에 왜 산속에서 그러구 사느냐 물으면 당신은 어디서 어떻게 살기에 그리 행복하냐고 되묻습니다./ 그녀는 어쩌면 천치 같은 삶을 살고 있는지도 모릅니다./ 그의 곁에 서면 싱그러운 산 내음과 이름 모를 풀꽃의 향취를 은은히 맡을 수 있습니다."

— 후동 시인의 시 「산속의 여인 아나뜨마」 중에서

'아나뜨마'는 산스크리트어로 무아無我라는 뜻이라고 한다. 세상을 버리고 자신조차 버린 채 산으로 들어온 그녀에게 영혼의 동반자이며 스승인 후동 시인이 '아나뜨마'라는 새로운 이름을 지어준 것이다. 이름에 걸맞게 그녀는 첩첩산중 산여동에서 하늘과 산과 바람과 더불어 아이 같은 시인과 함께 아나뜨마로 살아 온 지가 어언 삼십 년이 가까워 오고 있다.

여름 땡볕에서 산비탈 밭을 일구느라 거칠어진 손이 또 겨울 땔감을 하느라 갈퀴가 되었다. 측은히 쳐다보는 내 시선이 민

망스러운 모양이다. 이제는 나뭇짐을 지는 것과 장작을 패는 일이 어깨나 손바닥에 못이 박히지 않는다고 한다. 요령을 익혔기 때문이라며 자랑삼아 또 웃는다. 봄이면 그녀는 산속을 누비며 산나물을 뜯어 놓았다가 산방에 들르는 사람들에게 실컷 먹이고 나누어 주기도 한다. 하루에 한 보따리씩 몇 날을 해서 나르는 것이었다. 나도 은근히 욕심이 생겨 날을 잡아 그녀를 따라 나선 적이 있다. 그러나 한 보따리는 고사하고 한 움큼도 하지 못하고 며칠 몸살을 앓았다. 산나물도 아무나 하는 것은 아니었다.

야생화 같은 그녀를 보고 있으면 저마다 주어지는 삶의 몫이 이미 운명 지어졌다는 생각을 해본다. 이를테면 '너 언제 어느 때 태어나서 어느 곳에서 어떻게 살다 가라'고 하는. 그렇지 않고서야 천리 밖인 서울에 살던 그녀가 첩첩산중 오지로 와서 그렇게 야생화처럼 살아갈 리가 만무한 일이 아니겠는가.

수녀원에 들어갈 채비를 끝내놓은 그녀를 붙잡아 앉힌 것은 어머니였다. 병명도 뚜렷하지 않은 어머니는 그때 사경을 헤매고 있었던 것이다. 장녀인 그녀는 그런 어머니를 두고 갈 수가 없었다. 더군다나 경제적 능력도 없어 앞뒤 생각할 겨를도 없었다. 눈앞이 캄캄한 상황에서 세상을 버리고 산으로 떠난다는 선생님을 따라 어머니와 함께 길을 나섰던 것이다. 그녀는 그때

이미 자신에게 주어진 운명을 거역할 수 없다는 것을 알았기에 새로운 삶을 택했는지도 모른다. 산속으로 들어온 후 어머니 병세가 호전되고 또 세상의 온갖 잡다한 욕심을 끊고 살고 있으니 그때의 선택이 백번 옳았다고 지금도 생각하는 것이었다.

처음 그녀를 만났을 때쯤 내가 읽은 책 중에서 크게 감동을 받은 책 한 권이 있었다. 헬렌니어링이 지은 『조화로운 삶』라는 책이었다. 스물여섯 살이던 헬렌니어링은 마흔일곱 살인 스코트 니어링을 만나 서로 존경하며 반세기 동안 영혼의 동반자로 살았다. 그들이 추구하고 실천한 삶의 철학은 적게 갖되 충만한 삶이었다. 그들이 서로의 빈곳을 채우며 흙과 함께한 조화로운 삶은 세상 모든 사람들에게 참으로 충만한 삶이 어떤 것인지를 보여주는 좋은 사례가 되었다.

켈트인들은 말한다. 영혼의 동반자를 발견했을 때, 그 사랑은 모든 관습과 굴레를 뛰어 넘는다고. 자기 삶의 숨은 비밀을 열어 보일 수 있는 사람, 원래 하나의 흙이었던 기억을 간직하고 있는 사람 그가 곧 영혼의 동반자라는 것이다.

'아나뜨마' 의 삶도 헬렌 니어링의 삶과 크게 다르지 않다. 나이 차를 극복하며 스승을 영혼의 동반자로 모시고 가난한 살림을 꾸리며 살아가는 것에 많은 감동을 받았다. 그녀의 삶은 물질적으로는 궁핍하나 인간의 도리와 정신적 평온을 추구하며 자연과 더불어 생활하고 있다. 이른바 노자의 〈무위자연〉의 삶을 그대로 실천하며 행복한 삶을 살고 있는 것 같다. 마음이 부자인 그녀를 보고 있으면 진정한 행복은 물질의 소유가 아니라 마음의 평온이라는 것을 알 수가 있다. 가진 것은 없으나 철따라 나는 산나물이며 산에서 따는 열매들을 수확해 두었다가 찾아오는 이들에게 베푸는 것을 보면 물질만 추구하는 나의 삶이 새삼 부끄러워지는 것이다.

그의 재산은 눈 뜨면 펼쳐지는 사계절 산의 풍경이란다. 또한 부족하고 불편한 것이 많으나 주어진 것에 만족하는 것이 그녀를 자유롭게 한다고 했다. 삶이 자유롭고, 자신의 처지에 만족하고, 타인을 자신처럼 사랑하는 그녀를 보고 있으면 그것이 바로 참된 도道가 아닌가 싶은 것이다. 무소유의 철학을 '아나뜨마'에게서 발견하는 것이다.

겨울산은 이제 제 몸을 치장했던 가을 옷가지들을 미련 없이 훌훌 벗어던져버렸다. 산은 버림의 의미를 나무를 통해서 우리에게 전하는지도 모른다. 세찬 바람 한 무리가 나무들이 벗어놓은 마른 잎을 데리고 골짜기로 내려오고 있다. 바람이 불어도 눈이 내려도 알몸으로 묵묵히 서 있기만 하는 겨울나무의 내면에서 무아無我가 전해져 오는 것 같다.

한 짐 가득 나무를 지고 가는 '아나뜨마'. 사람은 보이지 않고 지게가 출렁출렁 걸어간다. 그 뒤를 따르며 '아나뜨마', '아나뜨마' 하고 염불처럼 외워본다. 초겨울의 산여동은 적막처럼 고요하고 나도 어느새 무아無我 속으로 빠져든다.

코뚜레

"참말로 오지게 꿰었구마는, 흥! 보따리를 싸도 열 번은 더 쌌겠다."

눈을 지그시 감고 허공을 향해 목을 쳐들고 있던 그녀가 선사禪師의 일갈처럼 내뱉은 일성이었다. 나는 갑자기 둔기로 얻어맞은 것처럼 머리가 멍해져 왔다. 그리고 나도 몰래 무릎이 탁! 쳐지는 것이었다. 무녀의 별명이 족집게라며 친구에게 끌려간 것이었는데 그녀는 정확하게 나의 내력을 집어낸 것이다.

이십대 초반 어린 나이에 가난한 종가에 시집온 나는 참으로 암담했다. 시어머니의 음식, 바느질 솜씨는 인근에 소문이 자자할 만큼 뛰어났다. 시집오기 전 반찬 하나 바느질 한 번 제대로 배우지 못한 나로서는 아무리 노력을 해봐도 다된 음식에 객물 돌듯 서툴 수밖에 없었다. 이런 저런 일 모두 다 제쳐놓고서라도 사대봉사四代奉祀를 해야 하는 종갓집이다 보니 돌아서면 제사였고, 다시 돌아서면 제사여서 일 년 내내 제사 준비만 하는 것이었다. 사돈네 팔촌 챙겨야 하는 것은 왜 그리 많은지. 나는 종가라는 큼지막한 코뚜레에 꿰어도 제대로 꿰인 것이었다.

필부匹婦로서 소박하고 단순한 삶을 원했던 내 꿈은 일시에 무너지고 말았다. 무논에서 힘들게 쟁기를 끌어야하는 일소처럼 나는 일 더미에 꿰어 살았다. 몸이 약한 나로서는 육체의 한계를 넘어서는 일을 감당하기가 너무 힘들었다. 또한 매사에 적당주의자였던 내가 집안의 대소사를 다 기억해야 하고 그것들을 별 탈 없이 처리해야 했으니 나로선 정신적으로나 육체적으로 힘에 부치고 버거운 역할이 아닐 수 없었다. 거부할 수 없는 멍에를 짊어진 삶은 그야말로 어깨 넘는 일이 한두 가지가 아니었던 것이다.

아버지는 평생 농사꾼으로 사셨다. 암소에게서 새끼를 받아 기르다 송아지가 철이 들 때쯤이면 아버진 직접 코뚜레를 만드셨다. 가지가 실한 노간주나무를 잘라 그것을 잘 다듬고 난 후 불에 구워 타원형으로 휘어지게 했다. 그리곤 두 개의 가지를 짚으로 묶어 코뚜레를 완성시키는데 그 솜씨가 어린 나로서도 여간 신기한 게 아니었다. 가만히 들여다보고 있는 나에게 아버지는 말씀하셨다. "소는 코뚜레에 꿰이는 순간부터 주인에게 복종해야 한단다. 그것이 소의 운명이란다." 아버진 그때 자신이 농사꾼이라는 코뚜레에 꿰인 것을 소의 운명을 빌려 대신 말했는지도 모르겠다.

아버지가 내게 맨 처음 가르친 일이 소를 이끄는 일이었다. 이른 봄 천수답에 물을 잡을 때 쟁기를 끄는 소의 고삐를 잡고 앞서가는 것이다. 그때 내 나이 겨우 여덟 살이었다. 어린 나는 그 일이 버거워서 주먹으로 닭똥 같은 눈물을 훔쳐냈지만 아버지는 묵묵부답이셨다. 그런 아버지가 원망스러워서 더욱더 서러웠는지도 모른다. 지켜보던 어머니조차 언니오빠들도 모두 해낸 일이라며 오히려 닦달을 하는 것이었다.

하루 종일 쟁기를 잡고 논밭 일을 하던 아버지는 어둠이 골목에 내려앉고서야 돌아오셨다. 식구들이 모인 밥상머리에서 막내가 소를 잘 이끌었다고 칭찬을 아끼지 않으셨다. 농사에 평생을 바친 아버지는 그러나 정작 자식들은 농사를 짓지 말라고 누누이 당부를 하는 것이었다. 비록 어린 딸에게 소를 끄는 일을 가르쳤지만 딸의 생은 코뚜레에 꿰인 소의 삶을 원치 않으셨을 것이다.

할 수만 있다면 내게 꿰어진 코뚜레를 벗어버리고 싶었다. 운명이라는 굴레를 벗어버리고 새처럼 망아지처럼 자유롭고 싶었다. 그러나 내게 꿰어진 코뚜레는 벗어버리려 하면 할수록 더욱 나를 억죄어 왔다. 코뚜레에 제대로 꿰인 나는 오로지 일소처럼 일만 했다. 거부할 수 없는 운명에 나를 맡길 수밖에 없었다. 아이들이 생기고 내안의 욕망들을 하나 둘 체념하고 포기했다. 그렇게 젊은 시절이 지나갔다.

"스님, 소가 되어도 고삐 뚫을 구멍이 없다는 말이 무엇입니까?"

칼을 갈아 턱에다 괴고 3개월 동안 결가부좌를 풀지 않고 피철철 흘리며 용맹정진하던 경허 스님. 어느 날 사미승의 뜬금없는 물음에 활연대오豁然大悟하였다는 일화가 있다. 크게 깨달은 후에 대 자유인의 삶을 살다간 선사의 이야기는 세간에 전설처럼 전해져 오고 있다.

소처럼 코뚜레에 꿰이지는 말라던 아버지의 당부와 선문답으로 들리던 경허스님이 깨쳤다는 '콧구멍 없는 소' 그 두 말씀의 뜻을 나는 이순耳順이 다 되어가는 지금에서야 알 것 같다. '일체유심조' 一切唯心造 모든 것은 마음으로부터 이루어지는 것이라 하였다. 누구도 내 코에다 코뚜레를 꿴 적은 없다. 나를 올가맨 것은 바로 내 한생각의 코뚜레였다.

아무도 거역할 수 없는 인생이라는 코뚜레. 벗어나려 애쓸수록 나를 조여오던 코뚜레는 사실 누구나 다 겪는 필연적인 과정이었던 것이다. 크고 작은 차이는 있을지언정 우린 모두 삶이라는 코뚜레에 꿰어 살아가는 존재인 것이다. 생각해보면 종가의 며느리로서 살았던 삶이 코뚜레에 꿰인 삶이었지만 그 때 배운 일머리며 지혜들이 살아가면서 많은 도움이 되었던 건 사실이다. 어렵고 힘든 일이 닥쳐도 그때의 일을 생각하면 극복이 되곤 했으니까. 그러고 보니 코뚜레에 꿰여 살았던 시간이 내게는 벗어버리고 싶은 굴레의 시간이 아니라, 며느리로서 지어미로서 필요한 시간이 아니었는가 싶은 생각이 드는 것이다.

사람 사는 일이나 만물의 이치가 하루아침에 터득되는 것은 아닌 듯싶다. 멍에 때문에 파인 생채기가 아물고 덧나기를 수십 번 하고서야 소는 누가 이끌어주지 않아도 스스로 제 길을 찾아간다. 벗어나려 안간 힘을 쓰며 살아온 나의 코뚜레는 어쩌면 운명을 거역하며 자꾸만 그 길을 벗어나려 했던 나를 바로잡아 준 인도자였진 않을까 싶다.

갑자기 어느 도인이 숨을 거두며 남겼다는 말이 떠오른다.

"이것이 선사의 콧구멍을 꿰어 끌고 왔다가 끌고 간 고삐니라!"

젖

저만치 걸어가던 어미가 다시 돌아온다. 낳아서 3주 동안 품고 있던 애를 내 품에 내어주고 직장으로 돌아가던 며느리였다. 와서는 누가 제 새끼를 빼앗기라도 한 것처럼 서러운 눈물을 손등으로 훔쳐 대더니 잠들어 있는 아기의 얼굴에다 종내는 눈물을 뿌리고 만다. 그런 어미의 맘을 아는지 모르는지 손자 녀석은 깊은 잠에 빠져있다. 안절부절 어쩔 줄 몰라 하는 며느리의 안타까움을 지켜보기가 마음 아팠다. 보다 못한 내가 윽박지르듯 밀어냈다. "내가 잘 키울 터이니 걱정 말고 얼른 가거라." 나도 새끼를 낳아 기른 어미인데 그 마음을 어찌 모르랴. 이제 겨우 돌아 나오는 젖을 가라앉히고 생이별하는 어미심정이 오죽

하랴 싶어 가슴이 메어져 온다. 내가 아무리 애지중지한다한들 제 어미만 하겠으며 영양을 완벽하게 갖춘 분유라 해도 어찌 어미젖에 비할 수 있겠는가.

요즈음 젊은 엄마들은 집에서 가사를 돌보며 아이를 키울 수만은 없는 현실이다. 엄청난 양육비며 사교육비를 계산한다면 맞벌이를 해야 할 수밖에 없는 형편이다. 출산율이 급격히 줄어드는 것도 그런 이유에서일 것이다. 어미가 일인 다역을 해야 하는 요즘의 세대에서는 이러한 이별이 통상적이 되어버렸다.

세상에 태어나는 모든 새끼들은 어미젖을 먹고 자라야 한다. 젖이 떨어지기 전에는 어미와 일심동체인 것이다. 어미는 아무리 먼 곳에 떨어져 있어도 유선乳腺의 통증으로 새끼의 배고픔을 알 수가 있다. 새끼의 몸이 아프기라도 하면 영락없이 같이 아프고 마는 것이 어미인 것이다. 새끼가 젖을 찾고 있다는 것을 알면서도 어쩔 수 없이 새끼와 떨어져 있어야 하니 여럿 낳아 기르지 못하는 것이 당연한 일일 수도 있겠다는 생각이 든다. 세상에 태어난 모든 생명은 어미젖이 없다면 생을 부지할 수가 없을 것이다. 어떤 생명이든 종족을 보존할 수 있는 것은 젖이 있기 때문이다.

산길을 숨 가쁘게 달려가는 여인 앞에 호랑이가 길을 막았다.

그러나 여인은 호랑이가 막고 있는 길을 마치 바람처럼 빠져 나갔다. 여인에게 호랑이를 따돌릴 만한 비법이 있는 것도 아니다. 그렇다고 초능력의 힘이 있는 것은 더욱 아니었다. 그는 배가 고파 울고 있을 새끼에게 젖을 먹여야겠다는 일념으로 집으로 달려가는 어미였던 것이다.

산골 화전민의 아내는 어린 아기를 방 안에 눕혀놓고 골짜기 밭에 일을 나갔다. 정신없이 일을 하는데 젖이 돌아 흘러내렸다. 그제야 어미는 애가 배 고프다는 것을 알고 쏜살같이 집으로 달려가는 길에 호랑이를 만난 것이다. 배 고픈 새끼에게 젖을 먹여야 하는 어미인지라 오직 새끼 생각에 그 어떤 장애물도 여인의 눈에는 보이지 않았던 것이다. 새끼를 지켜야 하는 강한 모성이 초능력을 발휘했는지도 모른다. 전해져 오는 옛 이야기지만 새끼를 가진 모든 어미들의 죽음을 불사하는 본능을 말하려 한 것이리라.

최근 구제역이라는 전염병이 나라 전역을 휩쓸 때였다. 갑자기 전염병에 감염되었거나 주변에 사육되던 가축들이 아무런 저항도 못한 채 살처분되어 땅 속에 묻혀야 했다. 당시 티비에 방영된 영상 하나가 사람들의 눈시울을 적시게 했다. 주사하면 3초 만에 쓰러진다는 근육 이완제를 맞은 어미 소에게 송아지가 다가와 젖을 빠는 것이었다. 그때 상상할 수 없는 일이 일어났다. 3초 만에 쓰러져야 할 어미 소는 새끼에게 젖을 먹이느라 4분을 서서 버틴 것이다. 그리고 젖을 다 빨리고 난 뒤에야 비로소 어미는 털썩하고 쓰러지는 것이었다. 죽음 앞에서도 새끼의 생명을 돌보는 것이 어미의 사랑이다. 모성의 본능은 짐승도 사람과 별반 다를 것이 없다는 것을 일깨운 장면이었다.

아마존의 원주민 중에 여자들만 무리를 이루고 살아가는 부족이 있다. 아이가 자라 여인이 되면 본능적으로 이웃 부족 남자의 씨를 받아 종족을 보존한다. 아이를 낳아 딸이면 경사가 난 것이고 아들을 낳으면 기를 수 없는 것이 그들의 철칙이었다. 아이를 만들어준 남자를 사랑해서도 아니 되고 같이 살 수는 더더욱 없다. 그곳에서 남자는 철저히 배제된다. 국영 방송에서 그들을 취재했다. 부족의 딸인 열일곱살처녀가 아기를 낳았다. 불행하게도 아들이었다. 그곳에서 아들로 태어난 아이는 재앙의 씨앗이다. 철들기 전에 어미 품을 떠나보내야 했다.

젊은 어미가 풍만한 가슴을 풀어헤쳐 아이에게 젖을 먹이고 있다. 젖을 입에 문 해맑은 아이의 눈망울이 어미를 쳐다보다가 입에서 젖을 빼내고 웃는다. 내일이면 이제 겨우 돌이 지난 아이를 어딘가로 보내야 한다. 그리하면 모자는 다시는 볼 수 없는 영원한 이별이 되는 것이다. 드디어 아이를 보내야 하는 날이 왔다. 족장과 아이의 할머니 그 어미는 넓은 강을 가운데 두고 서 있다. 아이를 데려갈 강 건너에 살고 있는 부족 남자들이 어설픈 쪽배를 저어 강둑에 도착했다. 불안한 어미 맘을 눈치라도 챘는지 그날따라 아이는 힘차게 젖을 물고 어미의 커다란 눈 속에라도 들어갈 듯 쳐다보는 것이었다. 애간장이 시커멓게 타는 것은 족장도 할머니도 마찬가질 터이다. 그들도 겪어온 일이고 더군다나 젖으로 자식을 키운 어미임에랴.

어미젖을 물고 있는 아이를 할머니가 거칠게 떼 내어 남자들에게 던지듯 건넸다. 아이를 실은 배는 빠르게 노를 저어 반대 방향으로 쏜살같이 사라져버렸다. 젊은 어미는 젖을 내놓은 채 몸부림을 쳤다. 피를 토하는 울부짖음이 강물위로 흐르고 있었다. 어미의 젖은 시간마다 돌아 흐를 것이다. 그때마다 생이별한 자식을 떠올릴 것이다. 그 고통의 시간을 어떻게 견뎌낼 수 있을 것인가. 젖을 먹이지 못하는 어미의 안타까운 심정은 새끼를 낳아본 어미라면 다 알 것이다. 젖 먹는 새끼를 어미 품에서 떼어내는 것은 어미로서 겪어야 하는 가장 큰 형벌인 것을. 어미의 젖줄이 강물 따라 흘러 어딘가에 있을 새끼에게 닿기를 기원했다.

어미의 모습이 강물 같은 어스름 속으로 멀어진다. 며느리의 뒷모습 위로 아마존 여인의 모습이 오버랩된다. 그것처럼 생이별이야 아니겠지만 가슴이 짠해지는 것은 어쩔 수가 없다. 아이는 아무것도 모르고 잠들어 있다. 창 밖에는 천지 만물의 젖줄인 봄비가 푸르게 내리고 있다.

고선사지 석탑

아무래도 그곳에다 정인情人이라도 숨겨 놓은 듯싶다. 사람이 사람에게 전해오는 그리움이 저만큼 그윽하고 환희로울 수 있을까. 나는 그를 대할 때마다 그런 의문을 가져 보는 것이다. 그를 만나 마음을 빼앗긴 지가 꽤나 오랜 세월이 흐른 것 같다. 그럼에도 불구하고 그리움이 새록새록 깊어짐은 어인 일일까. 경주 가는 길 아니면 돌아오는 길에 나는 그를 꼭 만나보고 온다. 보면 볼수록 시선을 잡아끌고 발길을 돌리다가도 다시 돌아보게 하는 긴 여운 속에는 상상의 나래가 자꾸만 펼쳐지는 것이다.

국립경주박물관 뒤뜰에는 돌을 마치 흙 주무르듯 했던 신라인들의 예술혼이 담겨있는 돌 조각들을 모아 놓았다. 부서진 탑의 옥개석이나 면석, 석등, 부도, 주춧돌 등 어디서 어떻게 발견된 것인지 알 수 없는 돌들이 말없이 놓여 있다. 비록 금이 가고 모서리가 부서졌지만 오랜 세월을 밟아온 지난 역사와 우리 선조의 영혼이 깃들어 있어서인지 돌 하나하나에는 예술의 향기가 묻어 있다.

가지런히 놓여있는 돌 조각 사이에 그나마 온전한 탑 하나 서 있다. 고선사지 석탑이다. 박물관 뒤뜰에 우뚝 서 있는 탑을 만나면 가슴속에 타오르는 뜨거운 사랑은 고이 저며둔 채 지고지순한 사랑으로 여인을 기다리는 한 남자를 연상케 한다. 그 기다림이 천년이든 만년이든 상관 않고 그냥 그렇게 마냥 기다리고 서 있는 것 같다.

지난시절, 아름답고 우아했던 신라의 여인들이 두 손을 가지런히 모으고 밤을 새워 탑 주위를 돌며 경배했을 것이다. 그때의 영화를 꿈꾸는 걸까? 그렇게 기다림으로 세월을 접고 있는 듯하다.

천 년이 지나고 다시 반 천년의 세월을 지내오면서 겪은 삶은 상처투성이다. 기나긴 세월의 뒤안길을 걸어오다 모진 풍파를 겪었음에도 담담히 서 있는 모습. 몸체가 더러 패이고 모서리가 깎여 나갔음에도 전혀 초라해 보이지 않는다. 그 힘은 대체 어디서 오는 것일까.

유구한 세월 속에 큰 눈으로 역사의 흐름을 지켜본 산 증인이다. 인간세상 삶의 덧없음을 탓하지 않고, 모든 집착으로부터 벗어난 무애도인無碍道人. 아마도 신라고승 원효의 모습이 저러하지 않았을까. 어느 누구와 마음을 나누어도 걸림이 없을 것 같다. 다가서면 내게 무슨 깊은 사연이라도 들려줄 듯한 저 진지한 표정. 우리의 선조가 아니면 창조해 낼 수 없는 참으로 자랑스럽고 당당한 모습이다.

그러나 고선사지 탑은 두 번이나 몸을 풀어 헤치는 수난을 겪어야 했다. 세월을 잘 이겨내고 있는 탑을 일본인들이 수리를 한답시고 해체를 한 후 기록도 남기지 않았다고 하니, 이는 분명 도굴인 것이다. 남의 땅에 함부로 들어와 나라를 어지럽힌 것도 억울한데, 더러운 손에 도굴을 당했으니 그 억울함 때문에 속으로는 피멍이 들었으리라. 끝내는 빈 절터마저 지키지 못하고 덕동댐에 잠겨 지금은 흔적 없이 사라져버린 고선사지에서 박물관 뒤뜰로 옮겨 왔다 한다.

어디에 서 있은들 그 수려한 기품이야 변하랴만, 아무 일도 없었던 것처럼 초연히 서 있는 모습에 끌려 나도 몰래 은근히 정이 들어 버린 것이다. 사모하는 이를 아무도 몰래 바라보고 오는 마음이 아마도 이러하지 않을까.

해질 녘, 이미 박물관 문이 닫힌 후라도 뒤 담벼락에 기대서서 실컷 바라보고 오는 날은 마음이 흐뭇하다.

그날

"내가 누군지 기억나요?"

웬 남정네가 난데없이 작업을 걸어오나 해서 나는 뚝배기 깨지는 소리로 "누군교?" 하고 물었다. 뜬금없는 물음에 내놓은 내 대답이었다. 그는 "목소리라도 기억해 주길 바랐는데……." 라며 말끝을 흐리고는 자신을 밝혔다. 순간! 전화기속 그 사람 목소리는 간 데 없고 첫눈 오던 날의 중앙선 차창 밖 설원이 하얗게 펼쳐지는 것이었다. 그 동안 까맣게 잊고 있었던 그 날의 풍경들이.

그 날은 폭설이 내렸다. 좀처럼 눈이 오지 않는 해안지방에 예상치 못한 눈이 쏟아진 것이다. 밤새 심상치 않은 일이 벌어

졌음을 감지했던 걸까. 새벽 네시에 잠이 깼다. 무슨 일인가 싶어 창문을 열어보니 세상에! 눈이 도시를 빈틈없이 덮어 버렸다. 골목과 지붕과 먼 산들이 경계를 허물고 온통 흰 명주이불을 뒤집어쓴 듯 평화로운 광경이었다. 잠이 확 달아남과 동시에 며칠 전 편지로 온 그의 초대가 불현듯 생각났다. 졸업식에 꼭 참석해 달라는 부탁이었다. 나는 앞 뒤 생각 없이 안동으로 가는 기차에 몸을 실었다.

고향 선배의 친구인 그와 몇 통의 편지를 주고받은 사이였다. 방학 때 고향집에 가면 선배 집에 온 그를 두어 번 본 적이 있었다. 내가 어렵사리 직장에 들어가서 적응할 쯤에 교육대학에 진학한 그의 졸업이 다가온 것이다. 시골집의 가난한 형편에 초급대학이라도 갔으니 다행한일이라 부럽다는 생각도 들었으나, 그의 초대가 탐탁지 않았고 왠지 자존심이 상했다. 내가 못한 것을 해낸 그에 대한 괜한 시기심 때문이었을 것이다.

그럼에도 불구하고 그 날 나는 덜컹거리는 기차에 앉아 있었다. 그때나 지금이나 대책 없기로는 둘째가라면 서러웠을 나는 직장에 출근해야 한다는 생각조차 놓아 버리고 눈 속을 달리는 안동행 기차에 나를 싣고 말았다. 내 머리 속은 눈이 내려 쌓인 것처럼 하얘졌다. 어쩌면 눈 때문에 가차를 탔는지도 모르겠다. 아무런 생각 없이 이국의 풍경 같은 차창만 바라보다가 안

동역에 내렸다. 눈 덮인 차창 밖 여운에 사로잡혀 있는 나를 택시가 부려 놓은 곳이 교대 정문 앞이었다. 마침 졸업식을 마치고 나오는 그와 맞닥뜨렸다. 그때서야 나는 꽃다발 하나 들고 오지 못한 내 빈손이 부끄러워 당황했다. 그가 나를 데리고 언덕을 향해 눈길을 걸어올라 간 곳은 자취방이었다. 엄마 같은 누님이 정갈한 밥상을 차려 놓고 동생을 기다리고 있었다. 나는 기차 시각 때문에 점심을 급히 뜨는 둥 마는 둥 하고 돌아와야 했다. 따라나서는 그를 향해 누님이 같이 가라 등을 밀며 차비를 건네는 것 같았다. 나는 그가 고향집으로 가기 위해 같이 기차를 타는 줄 알았다.

돌아오는 기차 칸에 마주 앉은 그의 홍조 띤 얼굴이 참 순수하다는 생각이 들었다. 굽이 높은 내 구두가 젖은 것 같아 살짝 벗어보니 다행히 발은 젖지 않았다. 그런데 의자 밑으로 바짝 당겨 들인 그의 운동화 앞부분이 뚫어져 있는 게 아닌가. 더구나 까만 양말 속 발가락 하나가 빼꼼히 빠져나와 내 눈과 마주쳤다. 그는 나를 의식했던지 슬그머니 발을 당겨 의자 밑으로 끌어들였다. 그러고 보니 그의 행색은 남루했다. 교복 한 벌로 두 해를 입었는지 낡은 것은 고사하고 때에 절어 반지르르 윤이 났다. 특히 칼라 부분과 소매 끝은 해진 데다 보기에 민망할 만큼 지저분했다. 나는 그때 직장에 들어가 한창 멋을 부리고 다니던 사회 초년생이었다. 가난한 시골 태생인 그의 처지를 이해 못한 건 아니었지만, 철이 없었던 때라 동행한 그의 그런 모습이 창피하다는 생각이 들었던 것은 어쩔 수 없었다.

기차가 포항역에 도착했다. 해가 질 무렵이었다. 눈 속으로 발이 푹푹 빠지는 역사를 걸어 나오던 그가 조심스레 말을 건넸다. 영화를 보러 가지 않겠냐고. 나는 단번에 거절을 했다. 오빠가 집에서 기다린다는 핑계를 대며 돌아서는 나를 바라보던 그의 애잔한 눈빛. 무어라 표현해야 할까. 난감하면서 애절했고 쓸쓸했다.

영화 〔닥터지바고〕의 한 장면이 그랬을까? 달리는 차창 밖은 눈이 내려 낭만적인 풍경이 펼쳐지는데 어색하게 마주 보고 앉았던 젊은 남녀는 말이 없고. 지금 와서 생각해 보면 스물한 살의 한창 물오른 처녀가 가난이 덕지덕지 묻은 초라한 행색을 한 그와 시간을 보내고 싶지 않았음이 틀림없었다. 실은 잘난 게 하나도 없는 내가 초라한 그 앞에서는 우쭐대고 싶었는지도 모른다. 그것이 그 날의 전부다. 그리고 시간은 기차처럼 지나갔다.

그 날, 중앙선 기차 속에서처럼 그와 내가 마주 앉았다. 그가 내게 못 다한 말이 있어 꼭 한 번 만나야 한다고 했기 때문이다. 늙고 초라한 내 꼴을 보이긴 싫었으나, 내심으론 그의 모습이 몹시 궁금했다. 그의 재촉에 못 이기는 척 강산이 세 번 반이나 바뀐 세월을 앞에 두고 상봉을 했다. 벚꽃이 눈처럼 날리던 봄날. 역사 앞 한적한 찻집에서였다.

"지금 내 앞에 앉은 사람이 그 때 그 소녀가 맞습니까?"

그가 먼저 말을 건넸다. 나는 그를 건너다 보며 담담한 미소로 답을 했다. 그의 시선이 창 밖을 잠깐 서성이는가 싶더니 다시 돌아오는 순간 눈가가 젖어 있었다. 나는 가라앉은 분위기를 벗어나려 멋쩍게 말을 건넸다.

"그새 세월이 많이 흘렀지요?"

"예. 세월이 참 많이 원망스럽네요. 그리도 곱던 사람을 이 지경으로 만들어 놓았으니."

그의 입가가 조금 실룩그렸다. 나는 기분이 슬슬 거슬리기 시작했다. 세상 만물이 세월 가면 변하기 마련이지 그렇다고 사람 앞에 대놓고 할 소린가. 내 딴에는 나이 들어 보이지 않으려고 머리도 짧게 손질하고, 화장도 평소보다 화사하게, 옷도 캐주얼 스타일로 한껏 폼을 잡은 마당에. 그 날처럼 잘난 체해 보고 싶었던 내 자존심은 심하게 구겨지고 말았다. 때 절인 교복에 앞이 해진 운동화를 신고 젖은 발을 감추던 순수한 그는 어디로 가버린 걸까. 나의 쪼그라든 행색에 비해 그는 세월을 비켜 간 것 같았다. 중후하면서도 세련된 멋이 풍기는 신사 한 사람이 내 앞에 앉아 있고, 그의 어깨 너머로 그 날 중앙선 기차에서 본 설원의 풍경이 펼쳐지는 것이었다.

우리는 각자 삶이라는 기차를 타고 서로 다른 선로 위를 정신없이 달려 왔다. 그 날의 눈 내린 차창 밖 풍경이 가물가물 나를 잡고 있는데, 세월은 저만치 기차보다 앞서 달려가 버렸던 것이다.

그는 나를 떠올릴 때마다 애틋함에 가슴이 아렸다고 했다. 벚꽃이 눈처럼 날리는 봄날의 찻집. 그 날 기차에서 못다 한 고백을 수줍게 내어 놓았다. 머리에 된서리를 허옇게 덮어쓴 늙은 여자가 첫사랑이었음을. 그의 다감한 목소리에 비해 나는 그냥 무덤덤했다. 다 늙어 볼품없는 여인을 첫사랑이었다 말해준 그가 고마울 뿐이었다.

눈 내리던 그 날, 중앙선 열차에 그와 마주 앉았던 나는 철없는 자존심으로 가득 찬 소녀였다. 사실은 나도 그를 만나면 꼭 하고 싶은 말은 있었다. 눈 쌓인 역사에서 쓸쓸한 눈빛을 뒤로하고 매정하게 돌아섰던 것이 미안했다고 말하고 싶었으나, 내가 너무 늙었다 해서 그만 말을 놓치고 만 것이다. 어쩌면 그가 오래 전에 내게 당한 자존심을 되갚아 준 것인지도.

찻집 창 밖엔 눈보다 흰 벚꽃이 하염없이 날리고 있었다. 불현듯 시간의 기차를 타고 저 희디흰 꽃의 난무 속으로 덜컹거리며 떠나고 싶었다. 미지의 역에 도착하여 스무 살의 풋풋한 나를 만나고 싶었다. 그러면 끝내 뿌리치고 말았던 어떤 손 하나가 내 어깨 위에 눈송이처럼 따뜻하게 얹힐지도.

아름다운 발효

우기가 걷힌 하늘이 맑다. 이른 아침을 따라 모처럼 강변으로 나갔다. 봄비가 지루하게 몇 날을 두고 오다말다 하더니, 수액을 잔뜩 머금은 대지는 품고 있던 생명들을 일제히 해산해 놓았다. 흙을 살며시 밀치고 올라온 새싹들이 첫 걸음마를 배우는 아기들처럼 발꿈치를 치켜세우며 새로운 세상을 살피느라 부산스럽다. 가만히 들여다보니 봄 싹들은 영롱한 보석 하나씩을 붙들고 마치 염주알처럼 굴리고 있었다. 도타와진 햇살이 강에서 해종일 건져 올린 것을 간 밤 어둠이 밤새 삭혀낸 걸까. 여명과 함께 대지 위에 부려놓은 저 이슬들은.

멀리 보이는 산봉우리에는 구름떼가 한가로이 앉아 쉬고 있다. 강물을 거슬러 올라가면 물의 뿌리는 산꼭대기를 지나 구름 속일 거라는 생각을 해본다. 깊은 골짜기에 버티고 있는 바위는 구름이 내려주는 빗물을 받아 제 몸 안에다 가두고 삭혔을 것이다. 그랬기에 심심산천 돌 틈에서 나오는 물은 맑고 신선한 생수로 흐르다 강까지 왔으리라.

한평생 버거웠던 삶을 가슴속에 봉하고 묵묵히 살아온 나의 어머니. 모든 아픔을 가두어 삭이는 것을 운명으로 알고 살아오신 분이다. 층층시하에 가난한 집 살림을 꾸리면서 종부의 책임을 감당하느라 목까지 차올라 오는 말들을 배고픈 사람이 떡을 먹듯 꿀꺽 삼켰다. 뿐만 아니라 그렁하게 매달린 눈물조차 눈꺼풀 속으로 급히 감추어 버리는 것을 자주 보았다. 그것이 고통을 삭히는 중이란 걸 그때는 알지 못했다.

철없는 나이에 내가 짊어지고 가야 했던 맏며느리의 소임은 나를 끊임없이 곰삭혀야 하는 고행의 자리였다. 소금을 뿌려 숨을 죽인 배추가 물로 헹구어 놓으면 퍼덕거리며 되살아나듯, 틈만 있으면 갈퀴를 세우는 마음이 좀처럼 삭으려 들지 않았다. 시고 떫은 과실도 숙성이 되면 달콤하고 향기로운 즙이 되는 것처럼, 사람 마음이라는 것도 발효가 되어야 떨떠름한 맛이 가시고 묵은 지 같은 감칠맛이 나는 모양이다.

내가 가난한 종손을 배우자로 택했을 때 어머니는 벙어리 냉

가슴 앓듯 가슴을 치셨다. 매사에 어설픈 딸이 그 일을 감당하기엔 책무가 막중하다는 것을 누구보다 잘 아셨기 때문이리라.

"맘을 잘 삭히거라. 몇 년 만 푹 삭히고 나면 될 터이니……."

설익어 떫은 막내딸의 삶이 삭아서 단맛을 내기까지는 많은 세월이 필요했음을 그리 이르셨던 것이다. 그러나 삼십 년을 삭혀도 제대로 삭혀내지 못한 나의 삶을 돌아봤을 때, 어머니의 삶은 참으로 위대하다는 것을 새삼 느끼게 된다. 늙은 어머니 얼굴에 많은 주름이 상형문자로 해독이 된 것도 이때쯤이다.

여든을 훌쩍 넘겨버리신 어머니 얼굴에는 유난히 주름이 많다. 삭아서 수분이 몽땅 빠져버린 과일처럼 쪼그라 들어버린 것이다. 그것은 정녕 늙음이 아니라 당신의 마음을 철저하게 다스리고 삭혀온 인내의 삶이 수놓은 기록이었다. 어머니의 길고 질긴 인고가 곰삭은 문자이며 갖은 풍상을 겪었음에도 고요로 머무는 발효의 꽃으로 피어났던 것이다.

식솔들을 모두 떠나보낸 텅 빈 집에 홀로 계시는 어머니. 뜰을 지키고 서 있는 한 그루 고목 같으시다. 수십 년 꽃 피고 진 세월의 나무에 다시 꽃이 필 날이 있으려나 싶었는데 가끔씩 자글자글한 늙은 가지에다 꽃을 매달 때가 있다. 서울에 살고 있는 증손자와 전화 통화를 할 때이다. 다섯 살 난 예쁜 것이 저희 어미가 할머니께 안부 전화를 드릴 때면 옆에서 꼭 증조할머니를 찾는다는 것이다. 나이가 들수록 어린 아이가 되어 간다더니 그래서인지 증손자와는 절친하신 것 같다. 어머니는 잘 듣지도 못하시면서 증손자와 오래 통화를 하신다. 그때 어머니의 고목나무 가지에는 잎이 활짝 피어나고 꽃이 송이송이 열린다.

짭짤한 손맛은 절기에 맞는 특별한 음식을 만들어 친지들과 나누며 큰살림을 이끌어 오셨다. 이제는 만사가 귀찮으신지 쪽마루에 홀로앉아 눈을 감고 있는 시간이 많아졌다. 목으로 삼키고 눈꺼풀로 감추어 버리던 말과 눈물들을 모두 삭혀버린 어머니는 할 말 다 한 듯 고요하기만 하다. 봉창 유리에 매달려 있는 햇살이 자글거리는 문자를 더듬으며 서쪽으로 기울고 있다. 노을에 물들어 가는 어머니 모습이 서럽다.

나는 곁에 앉아서 어머니의 문자를 눈으로 쓰다듬어 본다. 거기에는 내가 가져보지 못한 평화가 가득하다. 미륵의 미소처럼 그윽한 웃음이 한가로이 머물고 있다. 어머니의 상형문자를 읽을 때면 때때로 막혔던 내 귀가 활짝 열리는 것 같기도 하다. 어느 한가로운 날 냇가에 앉았을 때 마음속으로 낮게 잦아들던 물소리로 흐르고 있다. 한고비 굽어지는 삶을 만날 때마다 삭혀내지 못해 굴절된 마음의 모서리들. 어머니의 고요와 낮은 물소리는 어느새 내 모난 시간들을 어루만져 둥글게 다듬고 있다.

사람의 얼굴은 자서전 같은 것이 아닐까. 저마다 살아온 삶이

나 내면의 세계는 숨기고 싶어도 절로 드러날 수밖에 없기 때문이다. 본래의 얼굴은 타고 났으나 그 판에 새겨질 문자는 자신의 몫이기에, 어머니 삭혀진 문자를 보면서 내 삶의 자세를 가다듬는다.

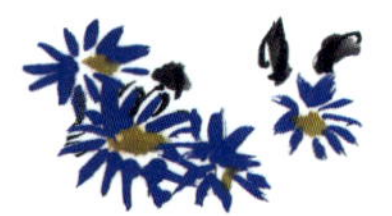

2부

가을 스케치

헌책방

먼 발치에서 보면 헌책방은 마치 오래된 사원 같다. 현대식 높은 건물이 낡은 단층집을 성처럼 빼곡히 둘러쌓고 있어 더욱 그렇다. 처음 책방을 찾았을 땐 그저 헌책을 쌓아두고 파는 곳이려니 하고 대수롭잖게 생각했다. 게다가 간판마저 초라하여 볼품이 없어 보였다. 밀고 닫는 현관문 손잡이 옆에 삐뚜름하게 붙인 〈헌책방〉이라는 간판은 자세히 들여다보지 않으면 지나치기 십상이다. 고색창연한 집과 헌책, 그리고 책방 주인 양반이 어우러진 풍경을 알고 나서야 그보다 적절한 간판도 없겠다는 생각이 들었다.

가게 구석에 질서 없이 쌓여있는 책들은 마치 산속에 널브러진 성근 나뭇가지처럼 엉켜 있었다. 어둑한 책꽂이에 아무렇게나 박혀 있는 헌책들이 눈에 들어온 것은 가게에 들어서고서도 한참 후였다. 오래된 명작이나 고전들은 사라져 가는 서낭당 앞에 버티고 서 있는 고목 같았다. 헌책방 한쪽에 쌓여있는 경서들은 퇴락해가는 고가를 지키고 있는 느티나무 같다고 할까? 수도 없이 흘러간 세월의 두께가 고목의 나이테로 둘러졌다. 그런 고목을 가만히 읽고 있으면 고요와 근엄함이 배어 나왔다. 낡은 책갈피를 넘기면 아스라한 향기가 스며 나온다. 오래 곰삭은 책의 향이었다.

책도 책이려니와 헌책방의 진풍경은 아무래도 책방주인 김선생이다. 인문서적들을 자부룩이 쌓아놓은 옆에 그는 헌책처럼 앉아있다. 처음 보는 순간 고서 같은 눈빛 속에 많은 것이 잠재되어 있다는 것이 느껴졌다. 쌓여있는 책만큼이나 어수룩해 보이는 그는, 헌책의 겉장처럼 겉만 허름할 따름이지 속은 아닐 것이라는 생각이 들었다. 겉표지를 보고 헌책이네, 새책이네 하는 것은 세속적인 우리네 분별인 것이다. 불후의 명작은 아무리 너덜해진 헌책 속에 있어도 명작이기 때문이다.

그는 책의 생명은 헌책방에서 살아남는다고 확신한다. 그래서인지 대수롭지 않은 헌책들을 자신의 분신처럼 소중하게 여겼다. 사람이든 물건이든 아끼는 만큼 사랑하는 것이고 사랑하는 것만큼 아끼는 것이다. 우리가 보기엔 한낱 보잘것없어 보이는 책이라 할지라도 그에겐 특별한 의미가 있는 것이다. 말한 바는 없으나 그가 헌책방을 시작한 동기도 자신이 좋아하고 읽은 책들이 쌓여서 어느 순간 책방이 되어버리지 않았을까 하는 것이 나의 짐작이다.

책속의 이야기와 많은 사연들을 간직하고 있는 김 선생은 티브이도 보지 않아 세상일은 좀체 깜깜이다. 어쩌면 대중 없이 쏟아져 나오는 정보들에 의해 오염되어 가고 있는 현실을 거부하고 있는지도 모른다. 사람들은 어쩌다 헌책방에 모여 앉으면 세상 돌아가는 일에 열을 올린다. 그럴 때 그는 마치 외계인처럼 담배 한 대 물고 눈만 껌뻑인다. 그러다 세상일 알 바 없다는 듯 자전거 타고 서천 한 바퀴 돌고 와서 헌책 속에 묻힌다. 헌책 속에서 사라져버린 시간의 비밀이라도 캐내고 있는 걸까? 때로는 책의 사원 속으로 꿈을 꾸며 산책이라도 하고 있는 것처럼 보인다.

요즈음 사람들은 티브이나 인터넷에서 쏟아져 나오는 정보에 현혹되어 있다. 책 따위엔 관심이 멀어진 지 오래이다. 그러거나 말거나 그는 헌책 속에 묻혀서 유유자적하는 몽상가이다. 영혼의 허기를 채워줄 한 줄의 시를 즐겨 읽고, 마음을 다독여 주고 맑게 정화시키는 글을 찾느라 책속의 길을 헤매기도 한다.

헌책 사이에 앉아서 세계의 도처를 여행하며 빨간 줄을 긋느라 사람이 들어서도 기척을 느끼지 못한다.

언제나 책속에서 사는 가난한 그를 보면 조선시대 학자 이덕무가 떠올려진다. 서책을 손에서 놓지 않고 맑은 삶을 살려고 애썼던 이덕무는 처절한 가난 속에서도 기갈 든 사람처럼 책만 읽었다고 한다. 추운 겨울 찬구들 방에서 홑이불만 덮고 잠을 자다가 〈논어〉를 병풍 삼고 〈한서〉를 누비이불처럼 잇대어 덮고서야 겨우 얼어 죽기를 면했다던 이덕무. 하루도 옛 책을 손에서 놓은 적이 없는 그는 두보의 오언 율시를 더욱 좋아하였다고 한다. 시의 심오한 뜻에 젖어 꿈속을 헤매는 사람처럼 혼자 중얼거렸다던가. 사람들이 그를 가리켜 '간서치看書痴, 즉 책만 읽는 멍청이라 해도 이를 기쁘게 받아들였다고 한다. 이덕무의 글 읽는 소리는 임금님도 아꼈다고 하니 가히 독서에 있어서는 고금을 막론하고 타의 추종을 불허한다 하겠다.

머릿속에 수많은 이야기를 헌책처럼 쌓아놓고 있는 김 선생은 어쩌면 현대판 이덕무인지도 모르겠다. 그는 수백 마디의 말보다 한 줄의 시가 절실할 때가 있다고 말한다. 때로 한 편의 수필이 마음의 위안이 되고 상처 입은 사람에게 위로가 될 수도 있다고 강조한다. 푸슈킨의 장편 서사시와, 칠레의 시인 파블로 네루다가 열아홉 살에 쓴 〈스무 편 절망의 시와 한 편의 사랑의 노래〉를 이야기할 때 감탄하는 표정은 듣는 사람들조차 감동 속으로 몰아가곤 한다. 카잔차키스의 〈그리스인 조르바〉, 로렌스의 〈무지개〉, 마즈케스의 〈백 년 동안의 고독〉 등 그가 좋아하는 책 속의 내용들을 이야기할 때 그의 얼굴은 생기를 띠고 눈은 형형하게 빛나는 것이다.

젊은 시절, 늘 새로운 것만 선호하던 때가 있었다. 그 새로운 것이 추구하면 할수록 내면은 허기져 충족되질 않았다. 어떤 새로운 것이라도 세상으로 나오는 순간 이미 낡은 것이 되어버리고 만다는 걸 중년을 넘은 후에 알았다. 새로운 것이 주는 흔함보다는 옛것이 주는 소중함을 알게 된 것도 헌책방을 만난 그 즈음이다. 헌책 속에는 그 시대의 언어들이 살아 숨쉰다. 과거의 지혜를 통해 지금의 나를 돌아본다. 오래된 고목에서 형언할 수 없는 세월의 향기가 스며 나오듯 고전에서 비로소 우리는 삶의 지표를 얻는 것이다.

좋은 책은 세월이 흘러도 영원히 잊혀지지 않는다. 생전에 책을 사랑한 법정스님은 좋은 책을 읽고 있으면 내 영혼에 불이 켜진다고 했다. 문득 거실 구석에서 늙어가고 있는 헌책들이 촛불을 들고 있는 사제들 같다. 삶의 길을 안내하는 고요한 불빛들을 바라보며 비록 겉은 낡아 볼품없으나 내용은 한결같은 책처럼 늙어가고 싶다. 내면으로 더 깊이 침잠하고 사색하면 헌책들이 묵은 향을 뿜어내듯 나의 황혼도 향을 뿜어내리라.

하늘이 저만치 높아져 쪽빛으로 푸르다. 열대야가 기승이더니 어느새 가을이다. 잠시 밀쳐두었던 구석의 책을 꺼내 먼지를 털어낸다.

헌책의 그윽한 눈이 나를 가만히 응시한다.

강가에 서다

이른 아침 하늘을 올려다보며 나의 하루는 시작된다. 쪽빛이 시리다. 어느새 겨울이 성큼 다가온 것이다. 창공에는 새떼들이 강 쪽을 향해 날아가고 있다. 불현듯 나도 새들과 함께 날아가고 싶어진다. 하늘 길을 날아가는 새떼들을 따라 나는 도시의 길을 한참이나 걸었다.

겨울 강가다. 오래도록 잊고 살았던 고향으로 돌아온 것 같아 마음이 푸근해진다. 처음 도시로 와서 자리잡은 곳이 강가였다. 그 곳에서 십여 년을 살았다. 강 건너편에 들어서 있는 공장의 거대한 용광로에서는 밤낮 없이 불길이 치솟았다. 매연이나 공해에 시달린 만큼 변변치 못한 살림살이에도 쪼들리며 살았다. 그래도 강물을 바라보면 금세 마음이 넉넉해지곤 했다. 강둑에 서서 욕심 없이 피고 지는 풀꽃들을 만나면 그들의 순수함에 동화되어 덩달아 머리가 맑아지곤 했다.

어느 날 갑자기 강가에서 신도시로 이사를 왔다. 갑자기라기보다는 새로운 삶의 터전을 찾아서였다. 사는 일에 아옹다옹하다 보니 한동안 강을 잊고 살았던 것이다. 강가에 서면 언제나 나를 못 견디게 한 것은 변함없이 흐르는 강물이었다. 아집과 욕심으로 가득 차 흐르지 못했던 나의 삶. 어느 날 삶의 미로에 섰을 때 바라보던 강물은 내게 자꾸만 흘러가라고 했다.

오늘도 나는 흐르지 못해 지쳐 겨울 강 앞에 서 있다. 강가에 와서 보니 보이지 않는 시간들만이 강물처럼 흘러갔음이 아닌가 싶다. 강변을 가득 메웠을 달맞이, 개망초, 쑥부쟁이 같은 꽃들은 하나 남김없이 이울었다. 갈대만이 허리를 굽힌 채 처연히 손을 흔들어 준다. 세파에 휘둘린 지친 나그네를 위로하듯 갈대는 그렇게 마른 몸을 서걱서걱 비벼댄다.

강가에 살면서 가장 슬펐던 일은 그 해 팔순이던 시어머니께서 강물이 흘러간 것처럼 그렇게 저세상으로 가신 것이다. 강 동쪽 마을에서 태어난 어머님은 첩첩산중으로 시집와서 가난과 시련의 세월을 살다가, 늘그막에 이곳 도시의 강가로 와서 강물처럼 떠나신 것이다. 홀로 칠남매를 끌어안고 힘겨운 종부의 자리를 지키시며 속 깊은 강물처럼 초연하게 살다 가셨다. 임종을 하루 앞둔 어머님의 눈빛에서 깊디깊은 강물을 보았다. 온갖 풍상 다 가라앉히고 소리 없이 푸르게 흐르는 강물 같은 침묵을.

한 번 눈감아 버리면 영원한 이별이 될 줄을 그때는 정말 실감하지 못했다. 오늘 흐르는 강물이 내일 다시 이곳을 흐르지 않듯, 다시 돌아오지 못할 곳으로 강물처럼 가신 어머님은 내게 삶의 무상함을 남기셨다. 이십 년이라는 세월을 함께 살면서 어머님은 유유히 흘러가는 강물처럼 내 부족한 모든 것들을 수용해 주셨다. 어머님이 속절없이 가버린 강가에서 나는 한동안 회한의 눈물을 쏟아야만 했다.

강물은 얼마만큼의 세월을 흘러온 것일까. 오늘도 쉬지 않고 흐른다. 모든 시간과 나의 생각까지 보이지 않는 저 흐름 속에 있는지도 모른다. 순간이라는 것도 흘러가 버렸고, 그 자리에는 또 다른 순간들이 메워진다. 흘러가는 것이 어디 저 강물뿐이랴. 역사의 흐름과 함께 끊임없이 흘러온 강물. 과거와, 현재, 미래를 담고 강물은 묵묵히 흐르고 있는 것이다.

누가 흐르는 강물을 보고 여래의 마음이라 하였던가. 속 깊은 강물처럼 담담히 순리를 거스르지 않을 때, 사람의 좁은 마음도 세상을 품을 수 있는 넉넉함이 생겨난다 했다. 천하를 손에 쥐어준다 해도 부질없음을 깨닫게 한 힘이 저 물 속에 있는 걸까. 부귀와 영화를 헌신짝처럼 버린 사람들, 그들은 분명 강물의 흐름에서 보이지 않는 깨달음을 얻었으리라. 광무제가 엄광에게 삼공 벼슬을 주겠다고 했을 때 엄광은 생각이 없다면서 부춘산으로 가 동강에서 낚시질을 했다고 한다. 요임금이 허유에게 왕위를 양위하겠다고 하자 더러운 소리를 들었다고 귀를 씻은 곳이 기산의 영천이라 하였다. 서로 높은 자리에 앉으려 시비를 일삼는 사람들은 한번쯤 저 강물을 바라볼 일이다. 앞 다투지 않고 흐르는 물의 질서를 음미하면서.

상선약수上善若水, 최고의 선은 물이라고 했다. 스스로 낮은 곳에 처하여 모든 골짜기의 물을 모을 수 있는 이치처럼 이 같은 진리를 터득한 성인은 강이나 바다와 같은 존재가 아닐까.

내 삶의 물굽이는 어디쯤 흘러왔을까. 이젠 욕심과 아집도 삭여지고 걸러져서 강물처럼 담담할 때도 되었으련만, 아직도 일렁이는 내 몸짓은 강의 흐름을 보고 무엇을 깨닫고 돌아갈 것인지 알 수 없다.

큰 공장들이 강가에 세워지고 고층아파트가 숲을 이루어도, 강가는 계절이 바뀌면서 영락없이 철새는 찾아든다. 사람들은 강에서 낚시질을 하고, 강가 자투리땅을 일구어 월동초를 심어 가꾼다. 그곳에 뿌리내려 강물 같은 삶을 살아가는 사람들

진

의 터전이고, 고달픈 삶을 살아가는 사람들의 희망이다. 겨울 철새들은 잊지 않고 새로운 삶의 터전을 찾아와서 강가에 머물고 있다. 비상하는 날개가 가볍다. 철새들의 모습에서 삶의 의지를 발견한다. 가벼운 날개깃에다 지친 내 삶 한 자락을 올려놓는다.

겨울강가, 이미 흘러간 세월과 보이지 않는 시간들이 강물 속으로 흐르고 있다. 오늘도 강은 철새처럼 날아와 강가에 기대선 나를 다독여 내 자리로 다시 돌려보낸다.

뚜데기

서울에서 태어난 손자가 난생처음 맞이하는 설을 쇠러왔다. 먼 길을 어미가 고이 품고 왔건만, 엄동설한 세밑이라 감기가 뒤따른 모양이다. 밤새 보채는 것이 안타까워 날이 밝아오기 무섭게 아이를 들쳐 없고 병원으로 내달렸다.

소아과는 감기든 아이들로 북적됐다. 오랜만에 발을 들여놓은 그곳은 감회가 새로웠다. 젊은 새댁들이 아이를 업었는데, 요즈음 포대기는 아이를 자루에 집어넣어 짊어진 것처럼 보였다. 몇몇은 또 짐짝처럼 유모차에 싣고 왔다. 진료실 앞에서 서성이는데 이상하게 많은 사람들의 시선이 내게로 쏠렸다. 의아해 하는 눈빛이다. 혹여 내가 늦둥이라도 낳은 줄 알고 저러는 걸까? 아니면 업은 손주가 너무 잘 생겨서 저러는가! 착각에 빠진 내 어깨가 우쭐거렸을 터이다. 그때 머리가 하얀 할머니 한 분이 다가오더니, 환하게 웃으시며 하는 말. "하이고 마 뚜데기를 끼랬네. 어디서 났니껴?" 손자며느리와 함께 증손녀 데리고 병원에 온 안동 할머니였다.

뚜데기로 아이 업은 나를 보고 반색을 하는 할머니 말에 젊은 새댁들이 키득거리며 참고 있던 웃음을 뱉어 냈다. 그제야 나는 웃음거리가 된 뚜데기를 내려다보며 계면쩍은 변명을 했다. '아이 애비 키운 뚜데기 아인교. 삼십 년이 넘었지예, 요새 뚜데기는 영 편치가 않아서 내사마 이걸 안 끼랬능교,

아기를 업는 처네를 우리 지방 사투리로 뚜데기라 한다. 요즈음 처네는 참 다양하다. 아이를 앞으로 업도록 되어 있는가 하며, 심지어 어떤 것은 파이프 같은 걸로 기둥을 세워 아빠들이 메고 다니기도 한다. 업는 이는 편할지 몰라도 정작 업힌 아이는 불편해 보였다. 며느리가 메고 온 처네도 아이를 등으로 업는 것이 아니라 앞가슴에 메는 것이다. 엄마가 아이의 얼굴을 내려다 볼 수 있는 장점이 있긴 해도 아이는 올려다 볼 수 없는 복잡한 구조다. 자칫 아이 얼굴이 어미가슴에 묻혀 호흡이 곤란할까 염려스러웠다. 또한 업힌 아이의 팔다리를 따뜻이 감사야 하는데 제 멋대로 나와 흔들거리니 손발이 얼음장같이 차가울

수밖에 없다. 새로 나온 처네가 아무리 좋다 해도 앞으로 메는 것이 내게는 생소하고 불편했다. 그래서 장롱 깊숙한 곳에서 오래 잠자고 있던 애비 키운 뚜데기를 꺼내 손자를 업고 가게 되었던 것이다.

내가 첫애를 낳아 키울 때만해도 대부분 사람들이 뚜데기로 아이를 업고 다녔다. 서양에서 들어온 유모차는 큰 도시에서나 간혹 볼 수 있었다. 지금은 그때 둘렀던 뚜데기가 옛것이 되어 사람들의 웃음을 자아내게 하지만, 둘러보면 실용적임을 대번에 알 수 있다. 뚜데기는 둘러서 감싸 주기 때문에 아이와 엄마를 밀착시켜 일체감과 안정감을 준다. 이때 업은 아이는 내 몸의 한 분신이 되는 것이다. 또한 업고도 업은 것 같지 않은 느낌을 주는 것이 바로 하나가 되는 까닭이다. 아이의 작은 가슴이 등에 포개져 함께 호흡을 하다보면 아이의 체온이나 새근거리는 숨소리로 몸이 아프다거나 심리적 변화를 감지하게 된다.

요즈음 젊은 엄마들은 아이를 등에 붙여 업는 것을 꺼리는 것 같다. 일할 때는 물론이고 외출을 해도 유모차에 싣고 다닌다. 엄마와의 사이를 분리시키는 유모차에 타고 있는 아이가 엄마를 바라보는 눈빛이 왠지 불안해 보이는 것은 나의 지나친 염려일까. 길거리에서 어쩌다 아이를 업은 여인을 만나면 아이도 엄마도 행복해 보인다.

서민들의 일상을 화폭에다 담아낸 박수근의 그림을 보면 뚜데기 두른 모습을 세밀하게 그렸다. 아이를 업고 일을 하는 여인이나 아기를 업은 소녀가 골목을 서성이는 것이 참 정겹고 포근하다. 그는 고단한 삶을 탓하지 않고 살아가는 서민들의 무던한 마음을 소박한 색채로 표현했다. 〈절구질하는 여인〉을 보면 아이를 업고 절구질을 하는데도 전혀 힘들어 보이질 않는다. 자연스럽고 평온하다. 아이가 일하는 엄마의 등에 업혀 있는 천진한 모습이 마치 요람에 앉아 있는 것 같다. 뿐만 아니라 아이는 엄마의 따듯한 체온이 전해지는 요람에 앉아 바깥의 모든 사물을 관찰하는 것처럼 보인다.

아버지는 눈에 넣어도 아프지 않을 막내딸을 고생문이 훤히 내다보이는 가난한 종손 집에 시집보내는 것이 못마땅해서 안타까워 하셨다. 심지어는 자식 하나 없는 샘 친다고 호통을 치시며 돌아 앉으셨다. 그런 내가 시집을 가서 떡두꺼비 같은 아들을 낳자, 큰 시장인 죽도시장까지 가서 장안을 샅샅이 뒤져 제일로 값나가는 뚜데기를 싸들고 두 칠 날 아침에 달려 오셨다. 눈도 제도로 못 뜨는 외손자를 안으시고 "밉상"이라고 하시던 모습이 눈에 선하다. "달덩이가 따로 없구나 잘 키우거라." 하시는 말에 아버지께서 그제서야 결혼을 허락하신 것 같아 얼음장을 올려놓은 것처럼 시렸던 마음이 봄눈 녹듯 녹아 내렸다.

뚜데기를 펼쳐 놓고 보면 열두 폭 한복 치마를 축소해 놓은 것 같다. 아마도 어느 여인이 자신이 입고 있던 치마의 형태를 본따서 뚜데기를 만들어 전해져 온 것이 아닐까. 치마가 열두 폭인 것은 한 집안의 종부가 넓은 치마폭 속에다 집 안팎의 대소사를 모두 품어 안아야 하기 때문이라고, 내키지 않는 걸음으로 시집에 나를 데려다 주시며 아버지가 하신 말이다. 한편은 초록색 다른 편은 빨강색 양단을 맞대고 촘촘히 누빈 뚜데기. 손수 장만해주신 뚜데기로 아이를 업고, 가난한 종손의 빈약한 가계도 잘 보듬어 살라는 무언의 당부를 뚜데기와 함께 남기시고 그 이듬해 아버지는 세상을 뜨셨다.

아버지가 사다주신 뚜데기로 아이들을 업어 키웠다. 뚜데기로 아이를 싸잡아 업으면 양손이 자유로워지기 때문에 많은 일을 할 수 가 있었다. 장을 봐 와서 수돗가에서 제수거리를 다듬고 많은 손빨래를 했다. 젊은 나이긴 해도 내가 짊어지고 가야 할 삶의 짐이 때로는 감당하기에 버거울 때도 있었으나, 힘든 고비를 넘길 때마다 업은 아이를 추스르곤 했다. 아이와 내가 하나 되어 부엌과 수돗가를 오가며 일 할 수 있었던 것은 뚜데기가 있었기에 가능했다. 아이는 뚜데기 속에서 나와 함께 하루를 같이 하며 웃고 옹알이를 하며 등 넘어 세상을 배웠을 것이다.

어느덧 돌을 지난 손자가 어릴 적 업어 주었더니 뚜데기 속의 따뜻함을 알아차린 것 같다. 외할머니가 사준 유모차는 저만치 밀쳐 버리고 저희 애비 키운 낡은 뚜데기를 끌고 와서 내 등에 붙어 선다. 뚜데기를 끼리고 업어달라고 난리다. 비록 낡아 볼품이 없어졌으나 녀석도 나처럼 뚜데기가 편안 모양이다. 작은 가슴이 내 등에 포개질 때 그 감동을 무엇으로 표현할 수 있으랴. 아이가 커서도 뚜데기가 저를 품어 주었던 것처럼 넓고 따뜻한 마음으로 세상을 품어 안는 넉넉한 사람이 되었으면 좋겠다.

가을 스케치

바다를 껴안고 굽이굽이 돌아가는 길. 길처럼 굽어진 해송들이 서 있는 산자락 바위 틈에는 올 가을에도 보랏빛 해국이 군락을 이루어 아름답게 피었습니다. 여름 내내 뜨거운 바위 틈에 붙어 해풍을 맞으며 간신히 생명을 이어 온 해국이 인고의 세월을 견디어 낸 결실입니다.

수평선 넘어 파도를 따라 온 한 무리 바람이 억새들의 머리를 하얗게 흔들어 댑니다. 돌아보면 살아온 자리는 늘 허전하기만 했습니다. 그 허전한 자리에 피는 꽃들이 있어 세월은 그런대로 화사하게 느껴지는 가 봅니다. 자연은 아름다움의 향연을 어디에다 숨겨 두었다가 저렇듯 계절마다 다른 모습으로 펼쳐 놓는지 한없이 경이로울 뿐입니다. 시간은 속절없이 가버렸고 오래 접어 두었던 기억들이 파도 따라 밀려나옵니다.

십년이면 강산도 바뀐다는 세월이 벌써 세 번이나 지났습니다. 시간 저 넘어 빛바랜 추억이 보입니다. 바다를 끼고 도는 이 길을 해가 지는 줄도 모르고 함께 걸었던 사람이 있었습니다. 갈색 눈동자가 유난히 빛났던 사람. 나는 그의 눈빛에 반해 그토록 먼 길을 아무 불평 없이 동행했는지도 모릅니다.

쪽빛바다, 억새가 춤추는 언덕, 늘 푸른 해송과 바위 틈마다 무리지어 피던 해국, 이보다 더 아름다운 길을 나는 걸어보지 못했습니다. 무엇보다도 내 마음을 설레게 하는 사람이 곁에 있었기 때문에 그 길은 더 아름다워 보였겠지요. 맑았던 눈을 기억하는 마음에 그리움이 가득 고입니다.

도시를 한참 벗어나 버스에서 내린 우리는 처음 가보는 바닷가 낯선 길을 걸었습니다. 해가 질 때까지 걸어도 바다를 벗어나지 못했었지요. 군에서 제대한 지가 얼마 되지 않은 그 사람의 짧은 머리가 인상적이었습니다. 암담했던 현실 앞에서도 미래의 꿈만을 펼쳐 보이던 모습에는 희망이 넘쳤습니다. 고통이나 증오 같은 세속의 때가 전혀 묻지 않았던, 무한한 가능성만이 있었던 시절이었지요.

파도가 물살을 몰고 와서 세차게 때려도 끄떡 없이 앉아있는 바위처럼 느껴지던 사람입니다. 세상 풍파가 아무리 거세어도 헤쳐 나갈 사람으로 보였습니다. 삶의 짐이 무거워도 당당하게 걸어 갈 수 있을 것 같았습니다. 그래서 그를 따라나선 먼 길에 발이 부르터져 물집이 생겨도 원망할 수가 없었습니다.

사람의 한 생을 계절에 비한다면 그 시절의 나는 화사한 봄날이었지요. 세상 모든 삶이 그렇듯 신록이 무성했던 우리의 여름은 때로는 폭풍우가 몰아치기도 했답니다. 삶이 절박할 때 이곳으로 와 채워지지 않는 갈증을 하소연이라도 하면, 파도는 깔깔대며 달려와 쓸어가곤 했지요. 그토록 시름없고 무심한 곳에 풀어놓은 고뇌를 원망이라도 하듯, 바람은 세차게 불어와 나를 일깨워주었답니다. 누구나 한 생을 살다보면 나름대로의 고난을 겪지 않은 이가 없다고 일러 주었지요. 그럴 때면 풀어진 마음의 고삐를 다잡아 돌아가곤 하였지요.

가고 오는 것이 쌓여서 인생이 된다 하였던가요. 삶도 사랑도 한꺼번에 못다 채워 안타깝기만 했던 나의 봄도, 휘몰아치던 비바람 속에 풀잎처럼 몸 눕히지 못해 힘들었던 시절도 가고, 이제 모든 것을 쓸쓸히 비워야 하는 가을입니다.

속절없이 가버린 시간이 아쉬워 안타까운 지금, 세월의 무상함이 허망하게 느껴집니다. 세월이 흐르는 만큼 모든 것이 변해가는 것을 미처 알지 못했습니다. 마음속에 간직했던 것들도 퇴

색되어 간다는 것을 나는 아직 깨닫지 못하는 사람인가 봅니다. 시간이 남겨놓은 것 중에서 가장 충격적인 것이 변화라 했던가요. 살아오면서 지금까지 한 번도 나이를 의식하지 못했습니다. 어느 날 문득 나이를 헤아려 보는 순간 놀라지 않을 수 없었습니다. 바람처럼 홀연히 지나가던 시간이 이제는 손에 쥔 모래알처럼 빠져나가고 있음을 보았기 때문입니다.

나무들이 잎을 피워 열매를 맺고, 잎을 곱게 물들이고 있습니다. 반복되는 많은 시간 속에서 나는 과연 무엇을 위해 살아왔는지 돌아보아야 할 때인 것 같습니다.

우리 삶도 저 바다에 깔리는 노을처럼 곱게 저물어 갔으면 합니다. 파도 소리 따라 한참 걸어 가다보면, 갯벌에 밀려난 돌들이 둥글게 닳아진 것을 이제서야 어렴풋이 알 것 갔습니다. 파도에 씻겨서가 아니라 서로가 보듬고 토닥거린 정 때문인 까닭을 예전에는 미처 몰랐습니다.

그때 우리가 하루를 걸어도 못다 걸었던 좁은 길이 이제는 말끔히 포장된 멋진 해안도로가 되었습니다. 그래서 요즈음은 차를 몰고 그곳을 자주 찾아가게 됩니다.

내 꽃 같은 시절 발이 부르트도록 함께 걸었던 짧은 머리의 청년이 영원한 미소로 저쯤에서 손을 흔들고 서 있습니다. 신기루 같은 환영입니다. 그 바닷가에 가을이 깊어갑니다.

무장골에 들다

조락을 끝낸 나무들의 행렬이 산정에서 칼바람 앞에 마주 설 준비마저 끝냈다. 실오라기 하나 걸치지 않은 겨울나무들. 깨달음을 향해 묵묵히 걸어가는 구도자의 모습 같다. 삭풍은 득달같이 달려와 나무의 살 속으로 파고든다. 나목들이 토해내는 속울음이 골짜기로 내려와 흩어졌다.

겨울산은 꽃을 달고 잎을 피워 숲을 살찌우던 풀과 나뭇잎들을 된서리로 잠을 재웠다. 뿐만 아니다. 산에서 소리를 내는 모든 것들을 일제히 안으로 불러들였다. 많은 날짐승과 산곡의 물소리에 화음을 맞추어 노래하던 곤충들은 모두 어디로 갔을까? 계곡을 타고 흐르는 물조차 얼음 속에다 본래의 소리를 감추어

버렸다. 산은 다시 봄을 맞이하기 위해 기운을 저장하는 것이라 여겨진다. 겨울나무가 다시 잎을 피우기 위해 기운을 모으듯 사람들의 고독 또한 삶의 겨울을 이겨내려는 몸짓이 아닐까 싶다.

봄의 소란함과, 여름의 격정, 가을의 수런거림을 침묵으로 가라앉힌 겨울 숲. 웬일인지 포효하듯 산정을 뒤흔들던 바람이 어느새 잠이 들었다. 산봉우리에 서서 바람에 항거하던 나목들도 선 채로 졸고 있다. 그러고 보니 하늘이 산맥에 닿을 듯 내려앉았다. 목화솜 같은 백설을 내려 산정에서 떨고 있는 나목들을 덮어줄 모양이다. 잎을 떨군 나무들이 뿜어내는 빛깔이 마음을 한층 편안하게 한다. 산은 지금 선정에 들 준비를 끝낸 선승이 잿빛장삼을 여미며 무채색의 거대한 경전을 펼쳐놓고 앉아 있는 것 같다.

저물어 가는 인생에 대하여 깨달음의 말을 남겨달라는 제자들의 요청에 육조 혜능은 "낙엽은 뿌리로 돌아간다."고 했다. 생명이 있는 모든 것은 근원으로 돌아가 새로운 탄생이 이어진다는 것을 겨울산이 보여주고 있다.

무장사지鍪藏寺址 가는 길. 뿌리로 돌아가는 낙엽들이 길을 덮고 있다. 가고 오는 세월이 쌓여 허물어진 절터. 탑 하나 간신히 외롭게 서 있다. 무엇을 찾기 위해 깊은 산골 얼어붙은 폐사지로 왔는가? 조용히 나에게 물어본다. 폐허를 만나는 것은 바로

근원을 만나는 것이라 했던가. 홀로 서 있는 탑 주위를 감도는 고요에 휩싸여 바로 이 순간을 만나기 위해 여기까지 왔는지도 모른다는 생각을 했다.

삼국을 통일한 후 신라의 태종 무열왕이 이 골짜기에 병장기와 투구를 묻어 감추었다고 전한다. 무장鍪藏골, 무기를 묻은 곳에 탑을 세우고 절을 지은 것은 다시는 전쟁이 없길 바라는 신라인들의 간절한 염원이었을 터이다. 천년을 이끌어온 왕국. 영원하리라 믿었던 신라의 찬란한 역사는 흥망성쇠의 거센 물결에 휩쓸려 가버리고, 절터가 헤아려 온 세월이 천삼백여 년이다.

겨울 폐사지를 지키고 서 있던 나무들이 모두 승복으로 갈아입었다. 동안거에 들어갈 모양이다. 앙상한 나뭇가지 사이로 바위들이 골격을 드러내 놓고 앉아 있다. 마치 노승이 앉아 면벽수행을 하는 모습 같다. 어쩌면 저 바위와 나무들의 수행으로 인해 긴 세월의 뒤안길에 그나마 탑이라도 남아 있었는지 모른다. 삼라만상이 선정에 든 무장사지. 문득 나도 나무들과 어울려 산에서 겨울을 났으면 싶다. 천년을 건너 온 걸까. 어디선가 들려오는 환청 같은 독경소리가 나를 다시 고요 속으로 데려가고 있었다.

무장골에 들어 산을 읽는다. 겨울 산이 펼쳐놓은 무채색의 책

갈피를 천천히 넘기며 느린 걸음으로 읽고 간다. 대자연과 경서가 둘이 아님을 산이 넌지시 내게 일러 주는 것 같다. 오래 전 불교에 입문을 해서 초발심을 낼 때다. 그때 나는 아무런 뜻도 모른 채 경전을 열심히 독송했다. 내용을 전혀 알지 못해도 경을 외우고 있으면 마음이 고요해지고 알 수 없는 환희로 가득했던 기억이 되살아나는 것이었다.

뿌리로 돌아가는 나뭇잎을 밟으며 무장무장 걸어 나오는 무장사지에 또 한 겹의 세월이 쌓여가고 있다.

게으름뱅이의 변

눈을 부릅뜨고 무언가를 찾아 헤매던 시절이 있었다. 왠지 잠이 많은 사람을 보면 한심하다 못해 미련해보였다. 목욕탕 사우나에서 시간을 보내는 사람이나 그곳에서 잠을 자는 사람들을 더더욱 못마땅해 하기도 했다. 잠을 자는 시간은 용납할 수 없어 충혈된 내 눈은 사물을 향해 끝없이 눈알을 굴렸으나 마음은 여전히 허기에 시달렸다.

무슨 오기였던지 책과 밤샘을 하고 이튿날도 잠을 자지 않으려고 눈을 치떠 올리며 버티기도 했다. 무엇을 찾으려 했던 걸까. 그것은 아마도 무언가를 이루지 못해 끓어 오르는 열정 때문이었을 것이다. 그러던 내가 어느 날부터인가 그런 생각이 멈추어진 듯 잠을 자는 것이었다. 그토록 무시하고 회피해오던 잠의 어느 구석에서 찾던 보석이라도 발견한 걸까. 나는 깊은 잠 속으로 파고든다.

붙잡아 놓고 발버둥치던 시간들을 내려놓은 것일까. 아니면 분잡스런 마음을 내려놓은 것인지는 알 수 없는 일이다. 어느 때부터던가 두 눈을 크게 뜨고 생각했던 것을 기필코 이루어보리라는 강단 따위도 슬슬 꼬리를 감추었다. 게으름뱅이의 잠 핑계는 그렇게 슬그머니 나를 찾아온 것이다.

그 무렵 사람이나 사물에 관해 좋다든가 혹은 싫다는 것에 분명한 선을 그어왔던 내 판단이 흐릿해졌다. 싫은 마음을 다스리지 못해 상대는 물론 자신에게조차 상처를 입히지 않았던가. 좋을 때는 풍선처럼 부풀어 올라 터져버릴 것 같던 감정 기복이 숙지막해지면서 웬만한 것에는 이래도 그만 저래도 그만인 심경의 변화가 잠과 무관하지 않다는 생각을 해본다.

잠이 많아진 이후부터 나를 누르고 불안하게 하던 강박관념이 없어 졌다. 무언가를 채우려 애쓸 때보다 오히려 마음이 더 풍성해진 느낌이라 할까. 내 어릴 적 어머니는 잠이 없었다. 치맛자락에 휘파람 소리를 내며 한시도 앉아 있는 법 없이 종일 설쳤다. 낮잠은커녕 밤이든 낮이든 어머니가 조는 것조차 보지 못했다. 우리 자매들이 작은 방에 나란히 누워서 동이 틀 때까지 잠에 빠져있는 날에는 영락없이 '소처럼 미련하다'는 꾸중을 들었다. 깡마르고 왜소한 체구지만 삼단 같은 머리를 한 올 흐트러짐 없이 거두어 쪽을 지으시고, 날이 밝기 전에 눈을 뜨면 밤늦은 시간까지 잠도 없이 버티셨다. 나보다 먼저 잠든 모습을 한 번도 보지 못했고, 나는 어머니보다 먼저 일어나본 적이 없다.

그렇게 서슬이 퍼렇던 어머니도 언제쯤 마음을 내려놓은 걸까. 집에서건, 들에 나가시든, 앉은 자리에서 졸기가 일쑤였고 어디든 머리만 붙이면 잠을 자는 것이었다.

"와 이리 잠이 퍼붓노, 암만케도 내가 늙는 모양이데이."

하시던 시기가 초로를 넘기고 난 후였던 것 같다. 돌아보니 아무것도 이루어 놓은 것 없이 훌쩍 세월만 쫓아온 내가 그때 어머니의 나이에 와 있는 것이다. 다잡아 쥐고 있던 마음을 내려놓는 것도 시기가 있을 터, 지금 내가 그 시기에 와 있지 않나싶다. 내려놓아야 할 것이 어디 마음뿐이겠는가.

같은 시기에 잠과 함께 내가 느끼는 기쁨 중 하나는 마음이 큰 일렁임 없이 고요해지는 시간이 잦아졌다는 것이다. 별것도 아닌 것에 감동을 하고 흥분해서 우쭐대던 것들이 별의미가 없어져버리고 그냥 고요해지는 것에 길들여졌다. 이는 혼자라는 것과 외로움을 두렵지 않게 받아들임으로써 나만의 새로운 자유가 찾아진다는 것을 알아가고 있는지도 모른다.

이 같은 고요를 얻기까지는 마음속에 흘렀을 물굽이의 격정 또한 만만치 않았다. 어찌 보면 사람의 한생도 골짜기를 타고 내려오는 물과 다름 아니다. 굽이쳐 흘러내리다 예상치 못한 폭포를 만나 한바탕 소용돌이치다 다시 돌아 나와 마지막 정착지인 못이나 강에 다다르면 비로소 고요해지는 것처럼. 욕심이나 집착에서 벗어났다 싶어 잠이 나를 찾아온 건지 잠을 택하므로 그것들이 멀어졌는지 모를 일이나 어쨌든 나는 혐오감을 가지고 있던 잠과 굉장히 친해졌다는 것이다.

사람에게 잠이 없다면 살맛도 없을 것이다. 생사에 걸려 목숨을 버리려 했던 사람도 한숨 푹 자고 나면 아마도 생각이 바뀌질 것이 아닐까 싶다. 내 친구들은 나이가 들어갈수록 건강해야 한다면서 잠을 자지 않고 운동에 열을 올리기도 한다. 누가 들으면 나를 무식하다고 비웃을 진 몰라도 남들이 운동하는 시간에 나는 뱃살을 늘리면서 낮잠을 즐기다보니 일화 또한 없지 않다. 한 달에 한번 모임을 갖는 친구들은 점심을 먹고는 꼭 밥값보다 더 비싼 차를 마시러 간다. 나도 동행은 하지만 구석자리에 박혀 소처럼 잠을 잔다. 친구들은 무슨 할 말들이 그리 많은지 자고 있는 나를 아예 무시한 채 연신 교양 있는 이야기로 입을 모은다. 비몽사몽간에 들려오는 그들의 살아가는 이야기는 내 귀에 마치 꿈속인 것처럼 들리기도 한다. 우리의 삶이 어쩌면 한바탕 꿈에 지나지 않는지도 모른다는 생각을 하며 나는 잠을 자는 것이다.

낮잠의 달콤함은 또 무엇에 비하랴. 밤새 내린 비가 그치고 하늘이 말갛게 갠 여름 한낮시간에 활짝 열어 놓은 창으로 살금살금 기어들어오는 고놈. 바로 내 잠맛을 다시게 하는 바람이다. 맛있는 바람 한 자락 마시고 하늘을 본다. 말간 하늘에 구름 몇 점 동동 떠간다. 내 동공은 구름을 따라 잡다가 그만 나도 모르게 잠의 유혹에 걸려들고 만다. 거기다 알싸한 꿈 한 자락 걸쳐지면 악착스런 삶의 집착 따윈 발붙일 틈이 없어진다.

구한말에 크게 깨달은 어느 선사는 법당 부처님 앞에서 밤낮으로 잠만 잤다고 한다. 많은 대중들이 열심히 일하고 공부를 하는데 부처님이 보는 앞에서 잠만 자는 그를 보다 못한 스승이 나무라자, "나도 열심히 일하고 있습니다. 잠자는 것이 바로 나의 일입니다" 하고 대답했다고 한다. 훗날 그의 제자에 의하면 대오(大悟)를 한 후에는 그것을 지켜야 하는데, 선승이 잠만 잔 것은 깨달음을 지키기 위한 수행이라 했다.

어느 날은 선승이 법당에서 번듯이 누워 잠을 자고 있는데 팔뚝만 한 독사 한 마리가 선승의 배 위를 왔다 갔다 했다. 법당 앞을 지나던 행자가 소스라치게 놀라며 고함을 치려는 순간 선승이 말하기를 “가만히 두거라 실컷 놀다가게!”

깨달음의 근처에도 가보지 못한 나는 무슨 연유로 이리도 잠을 즐기는지 알 수 없다 게으른 탓으로 돌리기에는 잠이 나를 너무 행복하게 한다는 것이다. 혹시 내가 잠에 중독된 게 아닐까 하는 염려가 될 때도 있다. 아편 중독, 술 중독, 인터넷 중독 같은 것이 있다는데, 잠에 중독된 것이 그나마 다행이란 위로를 하며, 술에 취한 듯 잠에 취해서 만사를 잊고 깊은 바다 속으로 침몰하듯 잠속으로 빠져든다.

선

1.

수건을 들지 않은 빈손이다. 두 팔이 나비의 날갯짓으로 사뿐히 펼쳐진다. 저고리 흰 소매선이 곡선을 그리며 어우러졌다. 춤은 살풀이춤인데 수건을 들지 않았다. 살포시 흔들리다가 굴곡을 그리는 맨손이 명주실꾸리에 실 풀리듯 무언無言의 삶을 풀어낸다. 옛 춤꾼들은 수건을 들지 않고 살풀이를 추었다고 한다. 세월이 지나 모두 수건을 들면서 원형이 사라져간 춤이다.

동작도 요란하지 않았다. 손이 머리 위로 오르지 않고 선線을 그렸다. 느린 것도 아니다. 장강長江이 휘돌아 나가는 흐름이 저러할까. 능수버들처럼 간드러지게 흐느적거리는 게 아니라 슬프고 아득하게 흘러가는 부드러운 곡선. 무릎이 살짝 굽혀지고 양팔이 포물선을 그리다 으르는 자태. 절실하게 그려내고 절묘하게 풀어지는 것은 분명 한이었으리.

여든의 춤꾼이 쏟아내는 민 살풀이는 체념의 경지에서 나온 한 폭의 그림 같다고 할까. 한평생 가슴에 담아 꼭꼭 여미어 두었던 한이 펼쳐지는 선율에 적응하며 끊임없이 흐르는 것이었다. 서리서리 풀어져 나오는 춤의 동작에 매료되어 순간 호흡조차 멈칫했다. 가슴을 쓸어내리는 뜨거운 감동이 묵직한 여운으로 흐른다. 춤은 빈틈없이 자리를 매운 사람들의 한까지 불러 풀어내고 있었다.

굶고 있는 식구들 틈에서 입 하나 덜기 위해 12살의 아이는 소화 권번에 입적해야했다. 심청가, 춘향가, 홍부가, 적벽가, 수궁가, 판소리 다섯 마당과 승무, 검무, 화무, 포구락, 살풀이 춤을 모두 배웠다. 열다섯 살에 군산극장에서 승무를 추는데, 어찌나 완벽하고 섬뜩했던지 사람들은 그를 가리켜 신이 내렸다고 수군거렸다 한다.

잊혀진 우리의 전통예술이 권번에 있던 예기들이나, 또는 무당이나 광대들에 의해 오늘날 희미하게나마 전해져 오고 있었던 것이다. 그들 대부분이 조선시대 밑바닥 계층인 팔천八賤에 속했으니 순탄치 못한 삶을 살았다. 죽지 못해 추어야했던 춤이 이제 와서 예술이라 이름지어졌으나 상처는 한으로 남았던 것이다. 그나마 거의 저세상으로 떠나고 남은 이들은 깊이 숨어 있었다고 했다. 풍문을 듣고 찾아가면 "도둑질도 손 떼면 가만 두는데 왜 들추냐."며 자신들의 지난 발자취를 손목이 시리도록 손사래를 쳐 덮었다고 한다.

춤, 그 짓을 손 놓기 위해 깊숙이 숨어 지낸 선생을 찾아간 무대 연출가 진옥섭의 일화 한 토막. 언니는 벌써 돌아가신 분이라고 밝히는 동생을 찻집에서 마주 앉았는데, 물컵을 밀 때 손목이 살짝 굽어지는 순간, 자태는 그 사람을 속일 수 없는 속내였던 것이다. 단 한 컷의 곡선에 춤이 담뿍 차 있어 본인이 장금도 선생이란 걸 스스로 손목 자락에 드러내고 말았다. 그 안목 또한 예사롭지 않은 직관이다. 그는 전통이라는 것을 세월이 숙성시키지만 세월 앞에서는 또한 숙명적인 한계를 가지고 있다고 했다.

장금도 선생의 민 살풀이춤을 무대에 올린 그(진옥섭)는 '노름마치'에서 이렇게 썼다.

"배우려면 배울 게 없는 신기루 같은 춤 그래서 도무지 옮겨 담을 도리가 없는 춤, 발견되자마자 부스러져가는 유적 같아 아니, 벌써 풍화되어 다 날려버리고 한 줌밖에 없는 춤. 그래서 순간순간 메별袂別을 준비하는 춤, 아찔하게 그리운 장금도의 민

살풀이 춤이다."

여든의 세월에 고철처럼 삭아 내린 뼈마디, 그 속에서 솟아나오는 유연한 선이 질곡의 생애와 파란의 굴곡을 펼쳐 보이고 있다. 배운 게 죄가 된 춤이었기에 걸어온 삶은 비탈진 인생길이었다. 숨기고 아팠던 절실함이 춤으로 승화되어 적막으로 흘렀다. 예술의 경지는 한을 넘어선 자리에 머문다 했던가.

수건을 들지 않은 민 손이 풀어내는 장금도의 민 살풀이는 허공을 헤쳐 한의 선線을 그려내고 있었다.

2.

종택으로 올라가는 고샅길에 고목들의 그림자가 길게 눕고 있었다. 빈 가지로 허공에 빗질하는 나무들이 마을의 긴 역사를 말해 주고 있다. 빛바랜 늦은 햇살 한줄기가 능선에 자리 잡은 기와집 용마루에서 머뭇거린다. 발처럼 드리운 겨울나무 가지 사이를 맴돌던 석양의 짙은 고요가 한옥의 토방에 슬며시 깃든다.

저만치서 산을 내려다보고 있던 이내가 노을을 거두어 갔다. 이끼 낀 골기와 사이로 적막이 슬금슬금 기어 내려오더니 융성하던 가문의 솟을대문을 훌쩍 넘는다. 이윽고 해거름이 내리기 시작하자, 용마루와 기왓골이 더욱 선명하고 장엄하게 드러났다. 한옥의 백미로 꼽히는 처마 끝은 비상이이라도 할 듯 하늘을 향해 뻗쳐있다.

능선에 자리 잡은 고택은 선불리 실체를 드러내지 않았다. 길이 끝나는 지점에서 다시 엇갈려 이어지는 언덕배기를 오르니. 나뭇가지에 반쯤 가려진 사랑채 누마루가 처마 끝을 먼저 보여주었다. 종가를 오르는 언덕길은 가쁜 호흡을 가다듬어야 했다. 가문의 대를 잇는 종손들은 가파른 길을 오르내리며 참을 인자를 하루에 백번 쓰라는 서백당書百堂의 뜻을 마음속에 새겼으리라.

사랑채 앞 고목의 곁가지를 밀치고 마당으로 들어섰다, 어느새 열여드레 달이 산을 더듬고 올라와 어둠을 지우고 있다. 댓돌 위에 올라서 보니 나지막한 남장 너머로 사늘하게 느껴지는 시월의 밤풍경이 한눈에 그득하다. 불러들이지 않아도 앞산의 능선이 마당으로 걸어 들어와서 포근히 안긴다. 애써 들여놓지 않아도 둘레의 모든 자연이 집안으로 모여드는 것이었다.

종택은 민가로서는 가장 오래된 목조건물이라고 한다. 이를 증명이라도 하듯 마당에는 집을 지을 때 심었다는 오백년을 넘긴 향나무가 긴 세월 살아온 사연을 말해주는 것 같다. 설창산의 혈맥이 응집된 이 터는 세 사람의 현인이 태어난다는 설이 있는 명당지라 전해진다. 조선시대 명신이자 청백리 손중돈 선생과 그의 생질인 동방오현의 한 사람인 성리학의 대 사상가 이언적 선생이 태어난 곳이다. 또 한사람의 현인을 기다리는 믿음과 희망이 종택을 지켜오고 있는 힘이 아닐까.

달이 앞서가는 길을 따라 물봉골로 향했다. 도시에서 빛을 잃어버린 채 방황하던 달이 제자리를 찾은 것인지 골목에도 작은 마당에도 빛이 가득하다. 골짜기에 나직이 엎드리고 있는 초가지붕의 추녀 끝에 휘영청 달이 걸렸다. 추녀 끝이 하늘을 향해 치켜세워진 골기와집이 양반의 기개라면, 둥그스름한 초가의 곡선은 욕심 없이 살아왔을 서민들의 삶을 그대로 보여주고 있다. 바로 내 어머니가 간직하고 살아온 삶의 끈이 저러하지 않았을까. 정겹고 따뜻하고 넉넉한 선線. 세월 저편에서 찾아온 아늑함이 어느새 내 삶의 무게를 덜어준다.

용마루에서 추녀 끝으로 내려오는 전통의 선. 올곧이 남아 있는 옛것을 찾기가 쉽지 않은 요즈음이다. 그곳에 우리겨레가 간직해온 곡선이 머물러 있다. 잊혀져가고 있는 우리의 선線을 양동마을이 지키고 있었다.

부처골

산등성이를 넘어온 시월의 보름달이 골짜기에다 빛을 뿌려대고 있었다. 온 산과 숲은 달빛에 취한 듯 적요만이 감돈다. 일천오백 년 전부터 산자락에 돌집을 지어 살고 있는 그분. 어찌 보면 수줍은 듯 온화한 미소로 가슴 가득히 달을 품는다. 달빛과 어우러진 미소에 눈보다 마음이 먼저 부신다.

누구였을까? 그곳에 영원한 모습 모셔놓은 사람은. 죽도록 사랑하는 이는 아니었을까. 아마도 혼을 받쳐 섬기고 싶었던 공경하는 분이었으리라. 지상의 시간적인 온갖 속박에서 벗어난 불생불멸의 모습이다. 돌 속에 피어오르는 영혼의 향기 더욱 그윽하다. 혼이 없다면 바라보는 이에게 이토록 감동을 줄 수가 없을 것이다.

산비탈 돌집에 오랜 세월 앉아있는 감실부처님. 달이 천지에 빛을 내려 뭇 생명의 문을 열어 주듯이 찾아오는 사람마다 마음의 문 열어 아름답고 영롱한 빛 한줄기씩 던져주고 있다. 한마디 말없이 앉아있어도 덧없는 인생의 의미를 알게 하는 그분 앞에다 지친 마음 내려놓으면 고요와 평화를 평등하게 나누어 준다. 내 마음속 한 구석에 쌓아 두었던 타성의 찌꺼기들을 스스로 꺼내어 깨우치게 하는 묵중한 가르침. 부처 골, 돌집에 사는 이는 말없는 말을 하고 중천에 뜬 달은 빛없는 빛깔이다.

말 많은 세상. 진실은 부재중이다. 입으로만 가르치는 지식을 빠르게 회전하는 머릿속에 집어넣고 우리는 우왕좌왕을 한다. 우리의 삶은 흑백 논리로 들끓고 있다. 나는 그런 현실에 대응하지 못하고 어정쩡한 삶을 꾸리다가 곧잘 나를 잃어버릴 때가 있다. 보름밤이면 달빛을 밟고 부처골로 가는 것은 나를 찾기 위해서다. 삶이 고달프다고 두런두런 때 묻은 세상이야기 풀어놓아도 웃으며 들어 주는 눈부신 그분이 돌집에 앉아 나를 기다리고 있기 때문이다.

경주 동남산 기슭 돌집에 사는 감실부처님은, 그 많은 세월이 흐르는 동안에 피는 봄꽃과 가을 낙엽 몇 번을 보았을까. 얼음보다 투명한 시린 달빛에 몸과 마음 얼마나 많이 헹구어 내셨기

에 정좌한 품이 저리도 정갈하고 온화하실까. 달이 먼저 빙긋이 웃으니 그분도 따라 웃는다. 세존께서 들어 보이는 한 송이 꽃에서 벅찬 환희와 가슴 터지는 황홀을 맛본 가섭의 염화미소가 아마도 저러 했으리라.

보름밤 그 곳에 가면, 허공은 비어 있기에 별이 저토록 빛발하고 달은 염화미소로 밤새 노닐 수 있으리. 나는 어둡고 달은 밝다 마음이 어두웠던 것이다. 어둠 속에 묻고 싶은 절망들을 낫낫이 들추어내는 달빛을 어찌할 수 없어 가슴을 조금씩 열어서 내속의 어둠을 끄집어낸다. 마음이 하늘처럼 활짝 열리면 둥근 달 하나 둥실 뜰 수 있을까.

옷자락에 묻어온 세속의 때를 털어내고, 세상에 드러나지 않고 빛이 되는 사람들을 떠올려본다. 그들은 언제나 보름달로 떠서 주위를 비춘다. 밝음도 어둠도 아닌 중심의 빛으로.

장독대

그곳은 지금까지 아무도 범접치 못하는 어머니의 영역이다.

여든을 넘기신 어머니가 한평생 들며나며 건사해온 장독이 여전히 윤기를 잃지 않고 있기 때문이다. 어머니 홀로 계시는 고향집에 들르면 나도 모르게 장독간부터 둘러본다. 항아리에 담긴 된장이 변함없는 단내를 풍기면 어머니 근력이 그만하시겠구나 하는 생각이 들어서 내심안도를 한다.

몇 해 전에 어머니는 옛집을 헐고 새로 집을 지었다. 뒤뜰에 우거진 대나무 뿌리를 뽑아내고 시멘트로 담을 치면서도 왠지 장독대만은 손대지 않고 그대로 두었다. 아마도 그곳에 어머니 삶의 애환이 고스란히 남아 있었기 때문이 아닐까. 어머니는 세월에 밀려 백발이 성성한데, 장독대는 저 홀로 떠밀리지 않으려는 듯 버티고 있다. 어쩌면 장독대만이라도 새로운 문명과 타협하지 않은 채로 두어 사라져 가는 공간을 지키려는 종부로서의 마지막 자존심이 아니었을까 싶다.

옛날부터 장독대를 보고 안살림을 꾸리는 집안 여인네의 자품과 솜씨를 가늠했다던가. 무명옷에 긴 앞치마를 두른 어머니가 분주하게 드나들던 장독대. 햇빛과 바람이 자유롭게 오고가던 거기는 언제나 어머니 정성이 우러나온 고유한 맛이 배가 불룩한 항아리마다 고여 세월을 삭혀내고 있었다. 사대가 와글거리며 한 집에 살았으니 맏며느리가 마음 놓고 앉아볼 수 있는 곳도 장독대가 아니었을까. 힘겹고 고달픈 일상에서 잠시 벗어나 웃고 울 수 있는 비밀스런 장소이기도 했으리라. 손때 묻은 앞치마 자락으로 찍어냈을 눈물이 얼룩진 곳이고, 그런 힘겨운 삶을 지탱하게 한 신성한 제단이기도 했을 것이다.

이른 새벽 자부룩이 내린 이슬을 밟고 길어온 우물물을 하얀 사발에 담아 장독 위에 올려놓고 손을 모으시던 어머니. 살아오면서 내게 힘겨운 일이 닥칠 때마다 어머니가 장독 위에 올려놓았던 정화수가 떠오르곤 하였다. 날마다 손 모아주신 그 덕에 자손들은 순조로운 삶을 살아왔고 또한 살아갈 것이다.

내게도 마음 붙이고 살 장독대 하나 있었다면 이리도 텅 빈 마음 둘 곳 없어 바람처럼 떠돌며 살지 않았지 싶다. 장독대를 잃어버린 후, 마음에서 우러나온 된장같이 구수한 참맛조차 잊고 살았는지 모른다. 들끓는 도시의 집 서랍장 같은 문을 여닫으며 들여 놓을 곳이 없다는 핑계로 장독 하나 없는 떠돌이로 살아왔던 것이다.

나는 맏며느리이면서도 손수 장을 담아먹지를 못했다. 못한 것이 아니라 안한 것이다. 시어머니는 스무 해를 함께 사시다 선산의 유택으로 옮겨 가셨는데, 돌아가시는 날까지 장 담그는 소임을 넘겨주지 않으셨다. 어설프기 짝이 없는 며느리에게 장을 담그라고 맡기기에는 도저히 마음이 놓이지 않으셨던 걸까. 그보다는 당신의 남은 생이 다하는 날까지 자식들 입맛에 맞게 장이라도 담가 먹여야겠다는 생각으로 정성을 다하셨으리라. 돌아가시는 그 해까지 장을 담가 마무리를 해 놓으셨다. 그해는 유난히 장이 달아서 그렇게 기약 없이 가버리신 어머님이 야속하기만 했다.

주인 잃은 장독이 허공처럼 비워지는 날부터 나는 친정어머니의 된장을 퍼 나르기 시작했던 것이다. 장을 담그지 않으니 독은 텅 비어 절로 소용없게 되었다. 이사를 자주 다니다 보니 부끄럽게도 항아리가 한 개도 남지 않았다. 어머님은 그럴 줄 미리 아시고 내게 장 담그는 일을 맡기지 않으셨는지도 모를 일이다.

유월의 고향 집 장독대 옆에는 오래된 앵두나무가 심한 바람에 꺾인 후, 움이 자라서 어느새 앵두를 조롱조롱 달고 있다. 어머니는 앵두를 한 바가지 따 안겨주신다. 나는 새콤한 앵두를 한입 가득 우물거리며 장독대 주위를 서성거린다. 둥글게 쌓아 놓은 돌 축 사이마다 어머니의 지난 세월이 이끼로 덮여 있다. 견고한 축대처럼 어머니 기력도 변함없이 버티어 주었으면 좋으련만.

알곡 두어 가마니는 거뜬히 받아 넣을 수 있는 큰 독들은 뒤쪽으로 점잖게 물러나 앉아 있다. 한때는 큰살림을 담아왔음을 보여주듯 부른 배를 내민다. 식구가 많을 때는 단지마다 해를 묵혀야 할 장들이 큰 독에서 옮겨졌을 법한 중두리들이 빈 채로 있어도 윤이 난다. 그 안에는 장물에 절어 까매진 무장아찌 같은 어머니의 곰삭은 시간들이 담겨져 있었던 것은 아닐까. 비워진 옹기도 저렇듯 살뜰히 보살펴온 것을 보면 아마도 중두리 속에서 묵혀진 당신의 삶을 조금씩 꺼내보시며 남은 생의 자락을 붙잡고 계시는지도 모른다.

내가 가져간 통에다 잘 익은 된장을 넘치게 퍼 담은 어머니는

"딘장에 마 단내가 등천을 한데이."

하시는 모습을 바라보니 죄송함에 가슴이 아린다. 지금까지 내

가 받아온 것을 조금이라도 갚아드리기는 고사하고 마음이라도 편하게 해드리지 못했다는 자책이 들어서였다. 어머니는 메주를 쑤어 줄 터이니 장을 담가 보라고 내게 몇 번이나 권유를 하셨지만 지금까지 미루어왔다. 매번 염치없이 빈 통을 내어 놓는 것이 면목이 없어 '나도 장을 담가먹어야 할낀데, 하며 말끝을 흐리자 어머니는 기다렸다는 듯이 얼른 말을 받는다.

"안할라케서 글치 드는 솜씨에 할라카모 와 못할까."

마뜩잖은 내게 장 담그는 일을 맡긴다는 사실이 마음에 차지 않아도 행여 포기라도 할까봐서 짐짓 나무람을 숨기고 하신 말이다. 모처럼 입을 연 내게 그렇게 용기를 주신 것이다.

맏며느리로서 맵짜지 못하게 살아온 막내딸의 설익은 삶이 이제라도 잘 익은 된장같이 단내를 풍겨주기를 바라시는 마음을 모르는 바는 아니다. 드는 솜씨에 거뜬히 해치울 수 있는 일이면 오죽 좋으랴. 마땅히 해야 할 장 담그는 일만은 왜 이리 자신이 없는지 모를 일이다. 그래도 뒤늦게 철이 드는지 다가가지 못했던 어머니의 영역인 장독대 쪽으로 서서히 다가가려는 딸을 대견스러워 하시는 것 같다.

장독대. 하얗게 빛바랜 어머니의 세월이 거기 앉아있다.

서라벌수필과의 인연

시는 시시한 사람이 쓰고 수필은 수수한 사람이 쓰는 글이라는 우스갯말이 있다. 또한 시나 소설이 재주로 쓰는 글이라면 수필은 도를 닦듯 쓰는 글이라고 말한 이도 있다.

누가 나에게 왜 수필을 쓰느냐고 묻는다면 도를 닦듯 쓰는 수필도 좋으나 수수함이 좋아서 라고 대답할 것이다. 수수하다. 수더분하다. 순수하다. 이 셋의 비슷함은 자연스럽다는 것에 가장 가까운 말들이 아닐까 싶다. 나는 그 자연스러움에 반해서 수필을 쓰고 있는지도 모른다.

장자는 '인간이여 자연이 되라.' 고 했고 노자는 '무위자연無爲自然' 을 역설했다. 자연스러우면 한없이 편하다는 것이다. 자연에는 선악의 분별이 없고 귀천의 상하, 정오正誤의 판별, 의리義利의 구별, 유무의 분별이 없다고 했다. 자연스럽다는 것은 인위적이 아닌 인간 본연의 모습이다. 그런 자연스러움을 능가할 만한 아름다움이 어디에 또 있을 것인가.

서라벌 수필과의 인연은 현 회장인 채종한 교수와의 만남으로 시작되었다. 수십 년 전 포항문화원 문학 강좌에 나갔는데, 당시 포항 공대에 재직하는 젊은 교수가 강의를 하는 것이었다. 무엇보다 젊음과 순수함이 맘에 들었다. 나이 든 아줌마 학생들의 능글맞은 질문공세에 수줍어서 귓불이 빨개지던 채 교수님의 순수함이 가슴에 와 닿았다.

그때 교수님으로부터 〈서라벌수필〉 창간호를 받았다. 회원 모두의 작품이 언감생심 꿈도 꾸지 못하는 수준 높은 글들이었다. 글이라는 것이 읽는 사람의 견해에 따라 차이가 있겠으나 황순희 선생님의 수필 「시가 있는 뜨락」이 좋았다. 그리고 김정식 선생님의 「나 어디 있는가」 라는 수필집을 읽으면서 나도 언젠가는 두 사람처럼 좋은 글을 써야겠다는 동기를 얻게 되었다. 주옥같은 수필 구절들을 필사하면서 열심히 공부를 해서 나도 꼭 서라벌수필 회원이 되리라 다짐을 했다.

"사월의 꽃은 한바탕 꿈을 꾸고 난 뒤의 생의 덧없음을 또 한 번 내게 알게 해주고 꽃 진 자리에다 부스럼 같은 아픔을 남겨두고 쓸쓸히 갔다. 탄생의 환희도, 죽음의 적막도 모두 다 흐르는 시간 속에 던져 놓고 책임 없이 가버린 황망한 계절에 다시 한 번 절대세계에 대한 무와 배반을 느끼며 빈손 뒤로 감춘 채 내 작은 뜨락으로 돌아왔다."

– 황순희 님의 수필 「시가 있는 뜨락」 중에서

"산사의 겨울은 흰 빛 이성, 가을 수목으로 찬란했던 감정의 늪에서 벗어나 자신을 학대하리만치, 침착하고 냉정하다. 벗은 채로 진솔한 그 모습이 되레 범할 수 없는 빛이 되고 허허로운 적막 속에선 어떤 움직임이 인다. 낮은 낮대로 밤은 또 밤대로 조화로운 자연이 마름지어 내는 리듬이 있고, 텅 빈 가슴 속으로 흘러내리는 신의 메시지가 있다."

– 김정식 님의 수필 「삼막사 가는 길」 중에서

채 교수님의 권유로 그 이듬해 경주문예대학 1기에 등록을 했다. 당시 경주문협 회원이시던 서라벌수필 이동주 회장님과 조명래 사무국장이 참관수업을 하면서 인연이 되었고, 서라벌수필 3호에 문예대학 학생 작품으로 내 수필이 실리게 되었다.

아! 그때 가슴 설레던 벅찬 감동이라니. 수수한 회원들은 아직 글이 영글지도 않은 신출내기를 따뜻하게 맞아 주었다.

그동안 수수한 사람들 틈에 끼여서 아름다운 수필 한 편이라도 빚어보려 애를 썼으나 잘 되질 않았다. 그러나 서라벌수필은 내 수필의 모태이다. 그로 인해 글을 썼고 지금까지 문단의 말석에서 서성이며 좋은 글 한 편 건져 보려고 전전긍긍하고 있다. 어쨌거나 남에게 보이기 위함보다는 내가 좋아서 내 멋에 취해 수필을 쓴다. 또한 수필로 인하여 행복해질 수 있으니 이보다 더한 즐거움이 어디에 있을 것인가.

〈서라벌수필문학회〉는 강산이 두 번이나 변한다는 세월을 순수한 사람들이 손잡고 수수한 마음으로 걸어왔다. 유유상종이라는 말이 있다. 같은 생각을 하는 사람들끼리 어울린다는 것이다. 글을 쓰는 사람들도 마찬가지다. 그것이 동인이라는 개념일 것이다. 서라벌수필은 가는 사람 잡지 않고 오는 사람 막지 않는다고 역대 회장님들이 누누이 말했다. 스무 해 동안 적지 않은 사람들이 나가고 혹은 들어오고 했다. 결국 수수한 사람들만 남아서 20주년이라는 장구한 시간을 맞고 있는 것이다.

수필은 다른 사람들이 가는 길을 뒤좇아 가는 것이 아니라, 자신의 삶에서 얻어진 소중한 생각들을 돌탑처럼 차곡차곡 쌓아가는 것이라 생각한다. 삶이 웅숭깊고 맑으면 수필 또한 그렇게 빚어질 것이다.

수필은 시시한 사람은 쓸 수가 없다. 수수한 사람만이 쓸 수 있는 것이 수필이다.

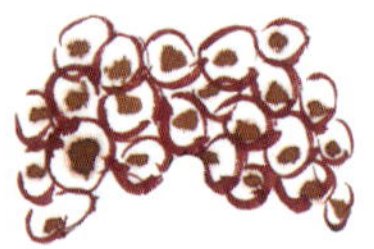

3부

마음의 빛을 찾아

마당

호롱불이 깜빡이며 어둠을 밀어내는 겨울밤이었다. 동네 아이들이 우리 집 사랑방 불빛 아래로 옹기종기 모여드는 저녁. 그 뒤로 신비한 전설이 담긴 할머니의 옛날이야기 보따리도 두런거리며 따라 들어왔다. 화롯불에는 고구마를 넣어두고, 언니는 뒤뜰에 묻어둔 배추뿌리와 무를 함지박 가득히 파내왔다. 밤 깊어 할머니 이야기가 구수하게 익어 갈 때쯤이면 뒷산 부엉이는 외로운 울음을 토해냈다. 울타리에 기대선 고욤나무 성근 가지에 사위어가는 달이 걸리는 깊은 밤, 마당에는 하늘의 별들이 보석처럼 쏟아졌다.

유년시절의 추억이 풍성한 사람은 마음이 부자라고 하였던

가. 나의 유년은 기껏해야 가난했던 시골의 흔한 배경이 전부이다. 그러나 그때 나를 길러준 정서는 세상에서 제일 부자인 사람도 가질 수 없는 값진 것들이었다. 집 앞으로 펼쳐진 다랑논 논둑이 정겨운 앞마당이었고 다복솔 소복이 모여 살던 뒷산은 뒷마당이었다. 앞산자락을 끼고 돌며 사철 흐르는 거랑물은 맑은 생수였으며 산과들, 개울이 내가 자유롭게 뛰놀 수 있는 놀이터였다.

우리 집 뒷마당에는 이른 봄부터 꽃씨들이 올망졸망 모여 차례로 싹을 틔웠다. 제일 먼저 봄 햇살을 마중 나오는 새싹이 원추리였다. 장독간 축대 사이에 뿌리를 내린 묵은 둥치를 슬쩍 밀어낸 원추리는 가냘프고 여린 잎으로 봄을 맞이했다. 그 뒤를 이어 상사화가 오리주둥이 같은 잎을 내밀면 다른 꽃나무 잎도 차례로 피어났다. 지난 늦가을까지 진한 향기를 뿜어내던 국화는 마른 줄기 사이에서 마치 수줍은 봄처녀 자태로 고개를 살며시 들곤 했다. 어머니는 가난한 살림 꾸리며 길쌈이며 들일만으로도 힘들었으련만, 뒷마당이나 장독대 옆에 꽃을 심어 사철 피고 졌다.

뒤곁이 어머니의 마당이었다면 앞마당의 주인은 아버지였다. 먼동이 트기 전에 잠자리에서 일어나신 아버지는 쇠죽솥에다 장작을 지핀 후에는 싸리비를 들고 마당을 쓸었다. 늘 하시던 말이 골목과 마당이 어지러우면 오던 복도 달아난다고 했다. 그다지 어질러진 것도 없는 마당을 그토록 열심히 새벽마다 쓸어낸 것을 이제 생각을 하니 당신 마음속에 쌓이는 먼지나 잡념을 쓸어내는 수행이 아니었을까 싶다.

훤하게 비어있던 여름 마당은 비오는 날이면 빗방울로 가득했다. 논밭에 곡식들이 우북이 자라나는 칠월에는 비가 잦았다 장맛비는 며칠을 두고 내렸다. 이른 아침부터 내리던 비는 그칠 기미 없이 종일 마당에 내리 꽂히곤 했다. 흥건히 고인 물에는 빗방울들이 동그라미를 계속 만들었다. 그 여름날의 평화롭고 아늑했던 풍경 하나 떠올라 가슴을 촉촉하게 적신다.

늦은 아침을 드신 할머니는 동생을 업고 이웃집에 마실을 가셨다. 할머니가 없는 틈을 타 아버지는 어머니와 무슨 모의를 꾸미는 듯했다. 이윽고 금남의 구역인 부엌으로 슬그머니 들어가셨다. 어머니는 밀과 서리태 한 됫박씩을 씻어 가마솥에다 넣고 아버지는 부엌 아궁이에다 불을 지폈다. 비 오는 날 군것질로 콩을 볶으려는 것이다. 긴 주걱으로 솥 안을 저으면서 매운 연기 때문에 연신 눈물을 훔치는 어머니 입은 귀에 걸렸다. 범 같은 시어머니가 마실을 간 사이 모처럼 두 분이 올려다보고 내려다보며 콩을 볶듯 정을 볶고 있기 때문이었다. 그때 아버지는 불을 때면서 목청을 돋우어 유행가를 부르셨다.

어린 나는 방문을 열어놓고 엎드려 양 발을 뒤로 세우고 두 손으로 턱을 괸 채 아버지의 노래를 들으며 마당에 떨어지는 빗방울을 세곤 했다. 비 오는 날이면 가끔씩 그때의 아련한 평화로움이 가슴에 빗물처럼 고이곤 한다.

가을이 오면 마당에는 곡식들로 가득했다. 아녀자들의 몫인 들깨나 참깨, 콩, 팥 따위를 먼저 털어 들인 다음에는 마당에 볏가리가 쌓였다. 벼를 탈곡한 짚이 집 모퉁이 감나무 밑에 태산만 하게 올라가면 마당 한 가운데는 원두막만 한 뒤주가 두 개 들어섰다. 뒤주에 벼를 가득 채워두고 어머니는 겨우내 도토리며 고구마를 밥에 섞어 늘려 먹었다. 겨울 방학이 끝나고 개학을 하면 뒤주는 하나씩 사라졌다. 우리들은 아버지가 뼈 빠지게 일해서 채워둔 뒤주를 파먹는 아귀들이었다. 뒤주에 넣어둔 벼를 찧어서 내다 팔아 학자금을 마련했기 때문이다. 그뿐 아니다. 때론 마당에 메어놓은 어미 소를 내다 팔기도 했다.

철모르던 유년의 겨울은 또 얼마나 행복했던가. 마당에 눈이 내 키만큼 쌓일 때도 있었다. 방문을 열고 나와 게처럼 옆 걸음으로 축담을 살살 더듬어 가면 신기하게도 부엌 앞마당 가운데 모세의 기적이 일어난 것처럼 골목으로 나가는 길이 눈 골짜기 속에 나 있었다. 그 길을 따라가면 우물가였다. 모처럼 우물가에는 동네 며느리들이 모여 웃음꽃을 피웠다.

도시로 나온 후로 마당 한 평 가져보지 못하고 살았다. 도시의 어느 곳에서도 마음을 붙이고 살지 못했던 것은 힘겨운 삶을 내려놓을 마당이 없어서가 아니었을까 싶다. 마당을 갖지 못한 나는 뿌리가 얕은 나무처럼 지나는 바람결에도 흔들리며 살았는지도 모른다.

정겨웠던 유년의 마당, 그리울 뿐 다시는 돌아가 머물 수 없는 곳이다. 추억만이 가득한 마당은 내 마음속 깊이 간직해둔 한편의 동화다. 외로움 깊어질 때마다 꺼내어 펼쳐보면 어두운 마음자리 환하게 밝혀준다. 그러고 보니 아름다운 유년의 마당을 가슴에 새겨 넣고 사는 나는 행복한 사람이다. 지상의 모든 것들은 변해가도 유년의 시간 속에 각인된 영롱한 것들은 영원히 남아 나를 포근하게 하는 요람이 된다.

용장골에 매화나무 심고

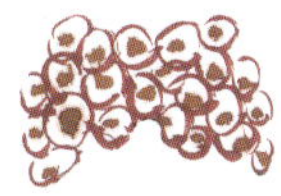

남산을 사랑하는 사람들이 매월당의 흔적을 더듬으며 용장골에 매화를 심는다. 밤새 내린 봄비로 움을 틔우느라 힘찬 몸부림을 하던 나무들은 빗물로 온몸을 말끔히 헹궈냈다. 연둣빛으로 물들어 가는 골짜기 이곳저곳에는 산벚꽃이 연분홍 물감을 풀어놓은 것 같다. 길목을 지키고 서 있던 소나무들도 뒤질세라 수만 송이 투명한 물방울을 꽃송이로 달고 있다. 짙은 안개를 뒤집어쓰고 있는 남산의 봉우리들은 마치 하늘 한 자락을 베어 물고 정좌해 있는 형상이다.

매화를 심으려고 모인 사람들은 남산과 매월당을 사랑하는 사람들이다. 용장이 고향이라고 자부심을 가진 ○씨, 용장골을 지키면서 그것도 부족하여 자신이 살고 있는 집 처마 끝에 매월당이라는 현판을 걸어두고 오가는 사람들을 쉬어가게 하는 ㅎ씨, 이들은 누구보다 지극 정성으로 매화를 심어 그 모습이 매화처럼 곱게 보인다. 부지런히 삽질을 하는 두 사람의 어깻짓에 수십 그루의 매화나무가 하늘을 향해 손짓을 하고 있다.

일을 끝낸 우리들은 약속이라도 한 것처럼 하나 둘 매월당이 머물렀다는 용장사지를 향하고 있었다. 몇 해 후면 이 길에서 눈 속에 핀 매화를 볼 수 있으리라는 상상을 하면서 가파른 산을 오른다. 눈 덮인 길을 홀로 더듬어 안개처럼 스쳐갔을 매월당의 모습을 그려본다. 외로움 깊어 야윈 그림자를 데리고 가는 길에 눈발 같은 설중매 꽃잎이 휘날려 반겨주었을까. 혹여 눈이 시리도록 하얀 길에 눈물 떨구어 흔적을 남기지나 않았을까.

그는 스물한 살에 과거를 보기 위해 학업을 닦고 있을 때, 수양대군이 조카를 몰아내고 왕위를 찬탈했다는 소식을 듣는다. 사흘 밤낮을 통곡하다 공부하던 서적 모두를 불태워 버렸다. 머리를 깎고 뒷간에 빠져 허우적대는 등 미친 자의 행세를 하다 결국은 방랑길에 올랐다고 전해진다. 그의 광기는 올바른 가치가 실현될 수 없는 현실에서 무력한 자신이 취할 수 있었던 저항이었으리라. 세간의 불의를 용납할 수 없는 뜨거운 가슴을 지녔기에, 스스로의 이념을 지키며 살아 가려한 자유인의 길을 택

했는지도 모른다. 인간 본래성을 추구하여 끝없이 고뇌한 그는 일생동안 안식처를 찾지 못한 채 고독한 방랑을 하였다고 한다.

그를 일컬어 시대의 비판자, 귀속을 거부한 자유인, 탈속과 환속을 오가며 오직 진리만을 추구했던 수행자라 일컫는다. 머리 깎고 수염을 기른 모습을 '심유적불, 즉 마음속에는 유학을 담고 행적은 불교를 따른다는 것이라 했는데, 불교의 철학적 사유를 유교의 이상과 연결시키려했던 철학자라 평하는 이도 있다. 또한 불교와 유교, 도교의 중심사상을 함께 받아들여 그만의 독특한 중심사상을 형성했다고도 한다.

흔적조차 희미한 절터. 갈잎 덮은 오두막집 창가에 매화나무가 서 있었을 법한 풍경은 간 곳이 없다. 오늘따라 산벚꽃 여린 잎이 매화인 듯 흩날릴 뿐이다. 그가 살다간 자리에 세월도 저렇듯 쌓여 묻혔으리라. 이젠 그를 향한 그리움 외엔 아무것도 남아있는 것이 없다고 등을 돌리려는데, 사철 푸른 해장죽(신우대) 숲을 흔들던 한 무리 바람이 나그네의 발목에 와서 감긴다. 매월당이 이곳에 심었다는 목련마저 그의 애틋한 충절에 감응하여 꽃송이가 북쪽으로 향해 피어나서 세인들이 일러 지북화라 했다던가. 올곧은 선비의 기개를 닮은 듯 겨울을 보낸 대나무만 더욱 청정한 빛으로 서 있다.

나는 가파른 이 길을 오를 때마다 가슴이 뜨거워짐을 느낀다. 생육신의 한사람으로 우러름 받는 그의 고고한 인품도 마음을 여미게 하지만, 격식에 얽매이지 않은 시를 짓고 글을 썼던 문인이었기에 깊은 고뇌와 고독이 만들어낸 문학에 더한 감동을 받기 때문이다.

십 년을 방랑하다가 드디어 금오산에 이르러 은거할 결심을 했던 것일까. 용장골에서 매화떨기를 찾고 대나무를 보고 시를 읊으면서 스스로 즐거워했다고 한다.

"용장산은 깊고 으슥하여
찾아오는 사람 없네.
가랑비는 시냇가 대숲으로 옮아가고
살랑 부는 바람은 들판 매화를 보호하지.
작은 창 아래 사슴과 함께 잠들고
마른 나무 의자에 먼지와 함께 앉았다.
어느새 처마 아래 뜨락꽃은 졌다가 또 피네.

매월당은 용장사에 머무르는 동안 많은 시와 우리나라 최초의 한문소설인 금오신화를 남겼다. 그의 전 생애를 통하여 가장 왕성한 창작을 했던 시기였다고 전해진다. 인간 존재와 사상의 문제를 심각하게 고민했고, 고독하였기에 자유로웠던 매월당.

그는 끝내 세속의 흐름에 영합하지 않았고, 인간의 근본문제를 금호신화라는 소설로 형상화하였던 것이다.

남산을 사랑하는 사람들이 매월당을 그리며 비 오는 날 용장사지 오르는 길에 매화를 심었다. 그가 살았다던 허물어진 산자락에는 매화나무 그루터기 하나 찾을 길 없고 산벚꽃 잎만이 눈처럼 떨어져 눕는다. 밟으면 지워질까 마음 조여 차마 바라보고만 있어도 절로 가슴이 뭉클해진다. 그는 지금 용장골 깊은 골짜기에 어느 나무그림자로 서 있는 것은 아닐까. 그를 사모하는 이들의 임 향한 그리움이 응결되어 매화꽃으로 피어난다.

치자

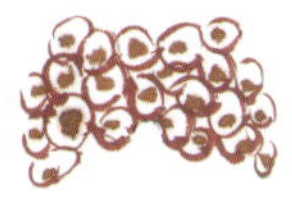

산자락에 오두막 한 채 엎어질 듯 간신히 버티고 있다. 주인이 헌옷처럼 벗어놓고 간 빈 집은 이미 풍화에 든 지 오래다. 허물어진 돌담 위에는 뱀이 벗어 놓고 간 허물이 벽화처럼 남아있다. 문지방 넘어 방안에는 온갖 풀들이 세 들어 뿌리를 내렸고, 뒷산에서 내려온 바람은 마당 곳곳에 쌓인 적요를 쓸고 간다.

산행을 마치고 돌아오는 길에 만난 빈 집 여기저기엔 늦가을이 머물러 있었다. 마른풀 우거진 뒤란을 돌아 나오려는데 장독대 구석에 나지막이 서 있는 나무가 내 눈길을 붙잡았다. 치자나무였다. 키는 작으나 밑둥을 보니 꽤 오랜 세월의 흔적이 보인다. 주인의 부재와는 상관없이 가지마다 오렌지 빛깔의 열매를 오종종 달아 불을 밝혀 놓았다. 오랜만에 보는 치자였다. 불현듯 저 세상으로 떠난 지 수십 년이 지난 시어머니가 떠올랐다. 시어머니는 생전에 한 해도 거르지 않고 치자를 구해서 갈무리를 했다. 아들 따라 부평초처럼 도회지를 떠돌면서도 고향집 뒤란에 두고 온 치자나무를 내내 아쉬워했다.

잡풀이 차지하고 있는 저 방에도 한 때 온기가 돌았으리라. 그때 아이들의 웃음소리는 집안 가득 넘쳐났을 것이다. 조상들의 제사 때면 치자 물 곱게 들인 음식으로 제사상도 차렸을 것이다. 자식들 모두 키워 도시로 떠나보내고 홀로 집을 지키다 명이 다한 집주인은 뒷산 어디에 뼈를 묻었을지도 모를 일이다. 집주인은 떠났고 자손들마저 도시로 갔을 터인데, 치자나무는 저 홀로 불을 밝히고 있었다. 등산 가방에 따 담은 치자가 얼추 반 됫박은 될 듯싶었다. 갑자기 마음이 풍족해졌다.

어머님은 어줍잖은 며느리와 이십 년을 함께 지내다 팔순에 세상을 떠났다. 한 해도 그르지 않고 가을이면 시골 장에서 치자를 사다 말려서 갈무리를 했다. 마치 치자가 없으면 제사를 모시지 못하기라도 하는 것처럼 치자 물을 곱게 들인 전이며 산적을 정성껏 제사상에 올렸다. 아버님이 병환으로 돌아가신 후 어머님께 남겨진 유산은 일 년에 열세 번의 제사와 일곱 남매였다. 평생을 가난한 종부의 자리를 지키며 한 달에 한 번 꼴

의 제사를 그르지 않고 메마른 손에 치자 물을 들이며 살아온 분이다.

"개죽 쑤어줄 거리도 없는 살림에 제사를 일 년에 열세 번을 지냈는 기라."

푸념처럼 늘어놓으시던 말에는 가난하고 힘겨웠던 어머님의 평생을 상상할 수 있었다. 아들이 자수성가를 해서 살림살이가 넉넉해 졌을 때 제수를 지나치게 많이 장만하시던 것도 그 때문이지 싶었다. 한편으론 요즈음 같이 먹을 게 흔하고 넉넉한 살림에 그깟 제사 모시는 것이 무어 그리 힘드냐는 나무람도 깔려 있는 것 같았다. 제사를 지낼 때마다 절인 파김치처럼 축 늘어지던 내 속내가 들킨 것 같아 죄송스럽긴 했으나, 힘들었던 건 어쩔 수없는 사실이었다.

제사에 관한 일화가 있다. 육이오 전쟁 때 포항 안강 지역에 전투가 심할 때였다고 한다. 동네사람들은 밤이면 불을 켜지 못할 뿐 아니라 인기척 없이 엎드려 있어야 할 형편이었다. 어두워지기 전에 제사를 지내고 일찌감치 잠자리에 들었는데, 어머님 꿈에 조상님이 나타나서 왜 제사를 거르느냐고 호통을 쳐 꼭 생시 같았다고 했다. 그래서 무슨 일이 있어도 제사는 자정을 넘겨 지내야 한다고 평소에 유언처럼 말씀하셨다.

또 다른 일화도 있다. 그날도 어김없이 제사는 다가왔다. 어머님은 종일 행상을 하고 시장에서 생선 한 마리 사다가 국을 끓여 김을 올렸다. 뜸이 든 따끈한 밥 한 그릇 퍼서 먼저 제상에 올리고 국을 뜨러 나오니 눈 깜짝할 사이에 국솥이 사라지고 말았다. 국솥을 잃은 아궁이는 벌건 불만 남아 타올랐다. 밤손님도 참 매정하지. 하필이면 없는 집 제사상에 올릴 국솥을 슬쩍하다니. 국솥을 잃은 어머님은 또 얼마나 난감해하셨을까. 차린 것이라야 밥 한 그릇 국 한 그릇 놓고 지내는 형편에 국솥을 도둑맞았으니 할 수 없이 물 한 그릇 떠놓고 탕국 없는 제사를 지냈다며 두고두고 이야기를 했다.

치자는 유월에 백색의 꽃을 피운다. 늦가을에 가지마다 주렁주렁 매달린 오렌지 빛 열매주머니를 열면 노란 색소가루가 들어있다. 치자열매의 색소는 예부터 식재료로 쓰였고 염색으로도 사용했다. 어머님은 고향집 장독대 옆 치자를 수확해서 손수 치자물 들인 모시적삼을 아껴두고 입었다. 백발이 되신 어머님이 명절 때면 차례 상 앞에서 치자색 저고리를 입고 서있던 모습이 눈에 선하다.

한때 남편은 찌들은 살림살이와 노환으로 앓아누워 계시는 어머님을 내팽개쳐두고 바깥으로만 나돌았다. 하도 속이 상해서 다 버리고 천리만리 가버리겠다고 현관을 박차고 나오는데 내 옷자락을 꽉 잡는 것이 있었다. 그것은 토끼 같은 새끼들도 아니었고 몸져누운 어머님도 아니었다. 바로 낼 모래 다가올 제사였다. 나는 하는 수 없이 덜미 잡혀 부엌으로 들어가서 어머님이 갈무리해둔 치자를 꺼내들고 소리죽여 울어야 했다.

가을이면 치자를 갈무리하는 어머님을 볼 때마다 괜한 짜증이 날 때도 있었다. 그것은 아마도 어머님이 해 오신 일을 나도 고스란히 물려받아야 한다는 책임감 때문이 아니었나 싶다. 그런 세월이 쌓여 나도 어느새 어머니처럼 치자를 갈무리하는 시어머니의 자리에 와 있다. 어머님은 살아생전에 유달리 제사 음식에 온 정성을 기울이며 한 치 어긋남도 허락하지 않으셨다. 그 엄함을 내가 며느리를 보고서야 비로소 알 것 같다. 나도 영락없는 시어머니가 되어 있었다. 힘들고 고달팠던 일을 며느리에게 물려준다는 것이 미안하다. 그러나 어쩌랴. 치자가 제사 음식을 곱게 물들이듯 맏며느리의 자리도 서서히 치자물이 베어지리라.

치자를 갈무리해야 하는 것은 어쩌면 우리 가문 며느리의 운명인지도 모른다. 며느리와 그 며느리의 며느리에게도 치자의 가계는 이어질 것이다. 산자락 빈 집에서 따온 치자가 늦가을 볕에 곱게 말라가고 있다.

대숲이 전하는 소리

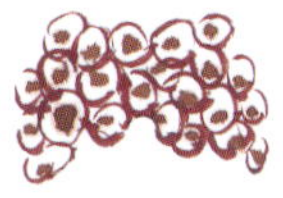

천곡사로 들어가는 고샅길을 대나무그림자가 쓸고 간다. 골짜기의 나무들은 모두 알몸으로 서있다. 득도한 고승이 번뇌를 벗어버리듯 나무들도 몸에 걸치고 있던 옷들을 훌훌 벗어버렸다.

나무들은 남김없이 잎을 버렸는데, 대숲은 청정한 푸른빛으로 겨울바람을 맞고 있다. '사운사운 쏴쏴' 그리운 이의 속삭임이 저러할까. 겨울바람이 대숲을 쓰다듬는 소리다. 대숲에 서면 잃어버렸던 청량한 바람소리가 들려온다. 세월의 때가 더께로 앉은 내 속 뜰을 흔들어 깨운다. 댓잎의 흔들림을 보면, 마음속 깊숙이 잠재되어 있던 소리들을 풀어내는 것 같다.

어린 시절 맑은 영혼 속에 머물던 대숲소리. 그 소리를 떠올리면 그리움이 댓잎처럼 일렁인다. 겨울밤의 따뜻한 아랫목 할머니의 옛날이야기와 함께 했던 대숲소리이기 때문이다. 내가 태어나 자란 집은, 대숲으로 둘러싸인 작은 초가였다. 바람이 아무리 세차게 불어와도 방안처럼 아늑하던 곳이다. 섬돌 위에는 따뜻한 햇살이 온종일 떠나질 않았다. 겨울 한나절을 나는 그 햇살을 동무 삼아 소꿉놀이를 하며 보내곤 했다. 삼복더위에는 댓잎이 요술이라도 부리는지 서늘한 바람이 불어왔다. 그 맑은 바람자락이 곧 내 영혼이 머물던 자리요 요람이었다.

지금은 흔적조차 찾아볼 수 없는 유년의 대숲을 어느 날 천곡사에서 만났다. 오래 전에 잃어버린 시간들이 숲 속에 남아있는 것 같았다. 할머니의 삶은 푸른 대나무 같았다. 할아버지를 여의고 청상의 몸으로 외롭고 힘든 삶을 사셨지만, 한 치 어긋남 없이 매사를 잘 다듬어 오신 분이다.

겨울밤이면 우리 집 사랑방에는 밤마다 동네 사람들이 모여들었다. 새끼를 꼬거나 삼을 삼으면서 소설 같은 할머니의 이야기를 들었다. 할머니가 긴 담뱃대를 놋쇠 재떨이에 탕탕 치면서 이야기를 하실 때는 마치 세상 밖에 선 어떤 초월의 기개가 넘치는 듯했다.

그래서일까. 세상일에 부대껴 힘들 때 대숲을 찾아오면 알

수 없는 어떤 마음의 평온을 얻는다. 대숲의 바람소리처럼 푸근하게 느껴지던 할머니의 이야기가 들려 올 것만 같았다. 번뇌의 바람은 대숲이 가져갔는지 청정한 바람소리만이 귓가에 머문다.

대순은 땅을 뚫고 나오기 위해 4년 동안 땅 밑에서 준비를 한다는 것이다. 땅 위로 올라와서는 하루에 1미터 이상 자란다고 한다. 한 달 안에 키가 다 자란 대나무는 삶의 행적을 마디로 남겨두고 속을 허공처럼 비운다. 하늘을 향해 뻗어 올린 기상은 아무도 넘볼 수 없는 올곧음이다. 저토록 꼿꼿하게 서서 속을 비운 것은 그 속에 깨달음의 소리를 담기 위해서일까. 비어있어 울림이 그리도 무한한 걸까.

신라의 태평성대를 누리게 했던 만파식적은 해룡海龍이 신문왕에게 내린 피리라 하였다. 홀연히 바다에 나타난 섬에 두 그루의 대나무가 밤이 되면 하나가 되었다던가. 만 가지의 파란을 잠재웠다는 피리소리는 어떤 소리였을까. 그 소리를 들을 수만 있다면 인간의 백팔번뇌쯤이야 밀려 왔다 밀려가는 파도보다 더 가벼워질 것이 아니겠는가. 어쩌면 그 소리가 파도에 실려와도 무지한 내 귀는 듣지 못해 번뇌로 끓어오르는지도 모른다.

이견대에서 바다를 바라본 적이 있다. 아주 멀고 먼 알 수 없는 소리가 파도에 실려와 수중왕릉을 둘러싼 바위에 부딪쳐서 까치놀이 되었다. 천지만물의 심금을 울렸을 만파식적의 소리는 들리지 않고 파도소리만이 대숲을 흔드는 바람소리로 들려왔다.

마음의 눈이 밝으신 스승께서 내게 죽비를 보내셨다. 스승은 아마도 내 속 뜰을 훤히 들여다보셨으리라. 아무런 말씀 없이 죽비를 보낸 뜻은 나의 무명을 스스로 치라 하심일 것이다. 세월이 지날수록 내면을 철저히 비우고 단단해지는 대나무. 대숲에서 비로소 내 부끄러운 삶을 보는 것이다. 쓸모없는 욕심으로 속을 채우면서 늘 휘청거리며 살아온 나의 삶을.

대쪽이 맞물려 내는 죽비 소리에는 우주법계에 머무는 자연의 소리가 담겨있는 걸까. 불가에서는 지혜 있는 밝은이가 "탁" 하고 쳐주는 소리에 한 소식을 듣는다고 하였다. 선정의 내면세계에서는 소리 없는 소리를 듣고 형상 없는 형상을 본다고 했다. 보는 것 이상 볼 수 없고, 듣는 것 이상 들을 수 없는 나의 무지는 지혜로운 이가 죽비로 쳐 준다 해도 깨달음을 얻을 성 싶지는 않다. 죽비로 쳐서 한 소식 듣는다든가, 해탈을 한다거나 하는 차원은 나와는 거리가 먼 이야기다. 그러니 내 속에 들끓고 있는 부질없는 생각들이나 분방함이라도 다스리라는 무언의 가르침일 것이다.

겨울 산 능선에서 내려오는 바람이 빈 나무 가지를 후려치며

내 곁으로 달려온다. 내 속에서 빠져나가 대숲을 휘적이는 잡념들을 바람이 받아친다. 정녕 내게 더께처럼 달라붙은 번뇌의 두꺼운 비늘들은 청량한 바람으로 씻어낼 것들이 아닌 듯싶다. 아마도 곧은 대쪽으로 떼어 내어야 할 모양이다.

나를 스스로 치라 하신 죽비소리가 "탁탁" 대숲에서 들린다.

그때 그 사람

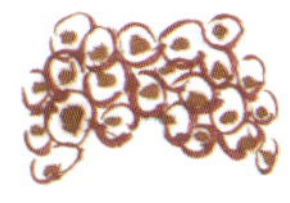

쾅! 정신을 잃었다. 시간이 얼마나 지난 걸까. 벼락치듯 내리치는 고함소리에 희미한 정신을 가눌 수 있었다. 병원이 떠나갈 만큼 큰 소리를 쳐대는 사람은 보지 않아도 누군지 뻔하다. 차를 받는 순간 기절해버린 내가 죽기라도 한 줄 알고 당황한 남편이 고래고래 고함을 질러대는 바람에 깨어난 것 같다.

겉으로 보아선 외상이 없는데 머리가 터질 듯 아팠다. 나도 모르게 머리로 손이 갔다. 그제야 깜짝 놀랐다. 남달리 튀어나온 내 뒤통수에 주먹만 한 혹이 하나 더 붙은 것이다. 머릿속에 이상이 있는지는 자세한 검사를 받아봐야 할 것이고 까무러쳐도 그만하기 다행이었다.

봄이면 곧잘 입맛을 잃어버리는 딸이 생각났는지 어머니는 쑥을 뜯고 뿌리가 실한 냉이를 한 소쿠리 캐 놓고는 새벽부터 전화를 하셨다. 윗마을 경로당 잔치에 가야 하니 일찍 와서 가져가라는 전갈이었다. 나는 잠자리에서 일어나자마자 세수도 않고 부스스한 머리에다 모자를 눌러쓰고 친정집을 향해 차를 몰았다. 어머니가 챙겨주신 이른 봄을 싣고 차창 가득히 상큼한 봄바람을 반갑게 불러들이며 고샅길을 돌아 큰길에서 좌회전을 하려던 참이었다. 그때 과속으로 내려오던 승용차가 내 차의 앞쪽 옆구리를 세차게 받아버린 것이다.

건설업을 하는 그분은 손수 운전을 해 현장으로 급히 가다가 벌어진 일이었다. 나와 반갑잖은 충돌을 한 승용차는 폐차를 시켰다고 했다. 받는 순간에 에어백 두 개가 동시에 터져 운전자는 다친 데가 없다고 하니 고급외제 승용차가 단단히 제값을 해낸 모양이다. 내 튼튼한 코란도는 엔진까지 부서지는 고초를 겪으며 나를 구해내긴 했으나 대신에 수리비가 많이 나와서 보험 수가가 어마어마하게 올라갔다. 다행스럽게도 머리에는 혹만 났지 별다른 이상이 없었다. 그다지 표 나게 다친 데도 없건만 몸이 천근 무게로 늘어져 기진맥진해서 한동안 병원신세를 졌다.

입원생활은 가뜩이나 우울한 봄날에 내 마음을 더욱 무겁게 만들었다. 죽을상을 하고 병원 침대에 널브러져 지루한 나날을 보내고 있었다. 뒤통수에 불거진 혹이 아파 바로 눕지도 못하고 웅크린 채 모로 누워 지겨운 시간을 찢고 있을 때였다. 중년 신사 한 사람이 먹음직한 과일 바구니를 들고 병실로 들어 왔다. 그는 병실을 잘못 들어온 사람처럼 눈을 더듬거리며 누군가를 찾고 있는 것 같았다. 나를 찾아온 사람은 아닌 것 같아 돌아누우려는데, 그 신사의 귀 밑에 커다란 검은 점이 내 눈을 사로잡았다. 저 점! 어디서 분명 보았었다.

마른하늘에서 쏟아지던 그 여름의 소나기가 생각났다. 두 해 전, 여름이 거의 끝나갈 무렵이었다. 경치가 빼어난 호숫가로 더위를 식히러 가자고 시인 친구와 약속을 했는데, 친구가 약속을 어기는 바람에 혼자 물가를 서성거렸다. 못 속에는 둘레 산이 먼저 들어 앉아 더위를 식히고 있었다. 숲속의 매미소리는 미끄러지듯 산을 내려와 귀청을 찢었다. 수면에 뜬 하늘은 바람 한줄기 지나갈 때마다 넌출댔다. 굽어진 길에는 소나무들이 어깨를 나란히 하고 서있었다. 잠시그늘에 자리 잡고 앉으니 졸음이 따라와 자꾸 눈을 감겼다.

나무에 기대앉아 한참을 달콤하게 졸았지 싶다. 난데없는 천둥소리에 번쩍 깨어났다. 어디선가 구름 한 무리가 사당패처럼 몰려와 산꼭대기를 뒤집어씌웠다. 급기야 소나기가 쏟아졌다.

차 있는 곳까지는 한참을 가야겠고, 기왕 맞을 비이니 그냥 맞기로 했다. 비는 온몸을 적시며 흘러 내렸다. 마치 고갈든 식물처럼 비를 맞고 있으니 생기가 나는 것 같았다. 양동이로 퍼붓는 것처럼 비는 숲에도 호수에도 마구 내리부었다. 호수는 하늘에서 내려오는 빗방울로 수만 송이의 물꽃을 피웠다. 천상에서 떨어지는 물과 지상에 고여 있는 물이 만나 만들어 내는 물꽃이 마음을 사로잡았다. 그때 갑자기 머리 위로 쏟아지던 비가 뚝 그쳤다. 하늘을 쳐다보니 검은 우산 하나가 하늘을 가리고 있다.

어! 뒤를 돌아보니 웬 사람이 우산을 받쳐주고 있질 않는가. 생전 처음 보는 사람이었다. 누가 보았다면 둘이 비 오는 호숫가에서 약속이라도 한 것처럼 보였을 것이다. 그때서야 정신을 차리고 내 몰골을 내려다보았다. 아마도 물에 빠진 생쥐 꼴이 아니었을까. 얇은 여름옷이 볼품없이 몸에 착 달라붙은 꼴 하며, 당황해하는 나를 본 그는 우산을 건네주고 묘한 웃음을 흘리며 돌아 서는데, 귀 밑에 선명한 검은 점이 눈에 들어왔다.

그가 준 우산을 쓰고 뒤도 돌아보지 않고 차가 있는 곳으로 향해 걸었다. 나오는 동안 비가 그쳤다. 구름 사이로 드러난 하늘이 막 세수한 아이 얼굴처럼 맑았다. 차 안에서 머리를 닦고 점퍼를 걸치고 나가니 우산 임자가 저만치서 걸어왔다. 내차 옆

승용차 주인이 그였던 모양이다. 그 사람도 나처럼 친구와의 약속이 어긋난 건 아닐까! 우산을 건네고 고맙다는 인사를 하려는 순간, 그의 큰 점이 또 보였다. 돌아오는 길에 아마도 그 사람 이름이 점식이가 아닐까 생각을 하며 혼자서 웃었던 기억이 난 것이다.

"그만하기가 참으로 다행입니다. 많이 다친 줄 알고 무척 놀랐습니다."

내가 그때 그 사람이 틀림없다는 생각을 굳히려는데, 나를 빤히 쳐다본 그의 눈빛이 순간 아득해지는가 싶더니.

"어디서 많이 본 사람 같은데?"

그도 소나기 만난 못가의 기억을 더듬고 있는 듯했다.

차는 부서져 폐차를 시켰으나 그 사람은 멀쩡해 내 병문안을 온 것이다. 이럴 수가! 이 무슨 악연인가, 아니면 인연이란 말인가. 그도 나도 서로 쳐다보며 멋쩍은 웃음을 감추지 못했다. 그가 과일 바구니와 명함을 내밀었다. 나도 얼떨결에 보고 있던 동인지를 건넸다. 돌아간 후 명함을 본 나는 웃음이 나서 까무러칠 뻔했다. 그의 이름이 공교롭게도 배점식이었기 때문이다.

그 후 나를 지켜준 코란도는 남편이 위험하다며 남의 손으로 넘겨버렸다. 나는 이별이 몹시 아쉬웠다. 사랑하는 사람을 보내는 마음이 이러하지 싶었다. 그리고 미안했다. 무시로 가슴이 들끓는 나를 태우고 험한 길도 마다 않고 애마처럼 뛰어주지 않았던가. 앞으로 많이 그리울 것이다.

병원에서 나와 몇 달이 지나서였다. 배점식씨가 전화를 했다. 점심을 한 끼 대접하고 싶다고. 내심으로 반가웠다. 마치 기다리고 있었던 것처럼. 그러나 시간을 잡아서 연락을 하마 해놓고 전화를 하지 못했다. 우연일까? 필연일까? 예사롭지 않은 인연이란 생각이 들었다. 누구나 살다보면 비켜가지 못할 연을 만날 때가 있을 것이다. 그때 그 사람이 그런 연의 사람이 아니었을까 싶다.

봄산

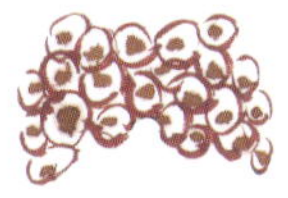

용장골의 봄이 바위 틈을 비집고 내려와 말그스름한 얼굴을 내민다. 얼음이 녹아 흐르는 물로 겨울을 말끔히 씻어낸 봄은 날쌔게 산꼭대기를 향해 기어오르다 산허리를 어루만지고 있다.

돌 틈 사이로 샘솟는 약수 한 바가지 들이켜고 고개를 들어보니, 진달래 꽃망울이 부푼 볼을 슬며시 들이댄다. 아프다 못해 애달피 잦아드는 저 빛깔. 밤을 지새운 두견의 울음이 아마도 핏빛 망울을 맺히게 하였지 싶다. 인고의 아픔 뒤에 찾아오는 애 저린 황홀함. 몸서리치는 삭풍과 속살을 에는 설한이 없었던들 봄꽃의 의미가 이렇듯 가슴 저리게 닦아오지 않았으리라.

나무들의 빈 가지는 아직 묵묵부답인데, 성질 급한 찔레순이 먼저 고개를 내민다. 복수초는 이름보다 고운 꽃이다. 모진 바람 이겨내고 햇살 맞으러 저리도 급히 나왔을까. 혹여 꽃샘추위에 들킬 까봐 내가 괜히 애를 태운다.

호젓한 길, 바람 한줄기 앞서더니 댓잎을 쓸고 간다. 겨우내 푸른 기개로 꼿꼿이 서서 산을 지키고 있는 산죽. 눈밭에 초록으로 버티었으니 겨울산의 백미가 아닌가. 허나 몸이 기울어진 채 왠지 힘이 부친 모습이다. 춘설을 이불인 냥 덮고 있다가 그 무게를 견디느라 그랬던 걸까. 마치 계절의 변화에 적응하지 못해 몸살을 앓는 나를 보는 것 같아 안타깝다.

모든 기대와 기다림을 속으로 서늘히 감추었던 겨울. 어떤 희망도 드러내지 않을 것 같던 겨울의 끝이 애잔하게 밀려나고 있다. 섭리를 어기지 않고 다시 살아 돌아오는 봄. 하늘과 땅이 움직임 없이 한 순간도 쉬지 않고 여전히 돌고 있음을 보여주고 있다. 그래서 모든 생명이 지어낸 운명은 저렇게 가고 오는 것이리라.

골이 깊어질수록 흐르는 물과 나무들이 뿜어내는 봄기운이 나를 취하게 한다. 가끔씩 술에 취해 세상이 내 것이나 되는 것처럼 해롱댈 때가 있다. 자연에 취한 맛을 술 취한 것에 비하랴. 흠뻑 취해 동공이 풀어진 내 눈은 하늘 한 번 쳐다보고 물 한번 쓰다듬고, 나무를 쳐다보다가 고개 숙여 작은 양지꽃에 또 취한다. 나뭇가지에 걸터앉아 한껏 목청을 돋우어 노래하는 작은 새도 한 몫을 한다. 그래서 온종일 혼자 걸어도 외롭지 않는 것이 산길이다.

한 굽이 돌아가다 보니 넓은 바위 하나 개울가에 젊잖게 앉아 있다. 나는 허락도 없이 그 무릎 위에 새끼바위처럼 앉아본다. 어느새 바위는 내 마음의 무게를 알아차린 것일까. 보듬고 온 짐을 내려놓으라고 권한다. 훌훌 벗어 흐르는 물에 던져 버리라고 이르는 것 같다.

버려도 될 마음 한 가닥을 붙잡고 겨우내 씨름을 했다. 떨쳐 버리려 하면 할수록 끈질기게 매달리는 그 집념. 놓아야 하는데 놓아지지 않는 막막함. 삶이란 주어진 대로 살아가는 것도 힘이 드는 일이지만 자신의 의지대로 살기란 그 또한 더더욱 어려운 일이란 걸 알게 했다.

생각 하나 가슴에 가두어 두는 것이 그리도 무거웠던가. 끝내는 몸이 이상 반응을 일으키고 말았다. 기진맥진한 나를 끌고 봄산을 찾은 것은 자신과의 타협을 하기 위해서였다. 나를 보지 못하는 아둔함 때문에 고통스러운 나는 살아오면서 가장 힘들었던 것이 자신과의 싸움이었고 타협이었던 것 같다.

얼마를 걸었을까. 막바지에 이르니 작은 못이 물을 가득 담고 있다. 자신의 그릇에 알맞게 채우고 맑힌 물은 산 밖 세상으로 흘러 보내고 있기에 언제 보아도 맑다. 계절마다 물빛을 바꾸는 산속의 못은 방금 누군가가 연두색 물감을 가득 풀어 놓은 것 같다. 산도 나무도 아직은 움을 틔우지 않았는데, 물은 연두색이다. 이는 곧 태어날 봄산의 내면을 담아낸 것이 분명하다. 잎을 피울 나무들의 속 뜰을 담은 물을 아래로 흘려보냈기에 산을 오르다 만났던 물이 그리도 맑았던 모양이다. 너무 맑아 보이지 않고 소리만 흐르더니 바로 생명이 가득 넘치는 소리였던 것이다.

움 틔우지도 않는 봄산을 옥색으로 담아내는 물 앞에서 나의 내면은 어떻게 비추어질까. 너절한 마음이 들켜 버린 것 같아 난감해진다. 한낱 티끌에 지나지 않는 상념들을 붙잡고 그것이 마치 나의 전부인 것처럼 여겼던 어리석음이 부끄럽다. 염치없이 들킨 마음을 슬며시 내려놓는다. 품고 있던 무거움을 내려놓으니 그제야 산속의 모든 생명들의 다정스런 기가 나에게 푸근히 전해진다. 산은 혼잡스런 생각으로 가득한 나를 불러 바람이 전해주는 말과 물의 이야기를 듣게 하여 고요한 정서 속으로 인도한다.

길 따라 산에 올라 무거운 맘 내려놓고 산곡을 흐르는 물 따라 가벼워진 마음 앞세워 산을 내려간다.

마음의 빛을 찾아

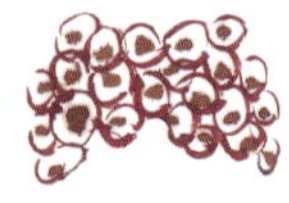

산사에 도착했을 때 달이 솟아오르고 있었다. 부드러운 앞산 능선을 넘어온 보름달이 가지런히 놓여진 항아리마다 가득하다. 장독 사이를 서성이던 스님이 합장을 했다. 스님의 머리 위에 달빛이 무채색으로 머문다. 달빛이 머물고 있는 스님의 얼굴은 이미 달과 다름이 아니다.

항아리에 반사되는 은은한 달빛, 스님의 파르라니 깎은 머리 빛깔, 잿빛 장삼과 희다 못해 옥색인 고무신이 서로 어울려 오묘한 색깔들로 조화를 이루고 있다. 있는 듯 없는 듯 은은한 빛깔들이다. 침묵으로 흐르는 스님의 저 미소는 속인으로서는 도저히 만들 수 없는 순진무구한 것이다. 그것은 닦고 닦여진 투명한 빛깔, 그래서 스님은 마침내 그 어떤 빛깔도 아닌 무채색인지도 모른다.

벌써 몇 해 전이던가. 속인의 모습이었던 혜정스님은 명문대학 철학과를 나온 수재였다. 스님은 가슴에 휑하니 비어 있는 공간을 지식으로 채우고, 또한 학문을 통하여 진리를 얻을 수 있으며 자유도 얻을 수 있다는 생각을 했었단다. 그러나 참 진리와 지혜는 그 많은 말과 지식을 여윈 뒤에야 얻을 수 있는 빛이란 걸 깨달았다고 한다.

그러던 어느 날 스님은 삭발을 했다. 속세를 하직한 은자로 돌아간 것이다. 사실 한 켠 돌아서서 보면 세상은 얻을 것도 버릴 것도, 또한 하직할 것도 만날 것도 없는 그런 곳이 아니던가. 그래도 자신을 버려 천하를 얻고자 한 스님의 배포는 그때 내게 적잖은 충격이었다. 그로써 나는 한동안 가슴앓이를 했고, 지금까지도 그때의 그 파르라니 깎여 신성하던 스님의 머리 빛깔은 내 동경의 대상으로 남아있다.

미혹한 사람은 입으로만 말하고 지혜 있는 사람은 마음으로 행한다 하였던가. 스님은 철저한 수행으로 마음을 닦아간다. 새벽부터 늦은 저녁까지 한 치 어김없이 깨어 있는 마음으로 정진하며 주어진 일에 전념한다. 스님의 일과에는 망상이 끼일 틈이 없다. 그렇게 하루하루 자신을 닦으니 마음이 투명한 빛으로 충만될 수밖에 없으리라.

빛이 없으면 천하의 보석도 그 가치가 드러나지 않듯이 빛은 세상 창조의 근원이요 모든 결정의 주체가 아닐까. 우선 사람의 마음에 비치는 빛깔이 그러하다. 강변의 모래알들이 그 생김새가 모두 다르듯 아마 사람들이 지니고 있는 색깔 또한 형형색색일 것이다. 인간 본래의 마음은 맑고 투명한 것이라 한다. 오욕칠정에 시달리는 순간순간 번뇌와 망상이 영혼의 창에 침침하고 어두운 빛깔들을 덧칠하게 된 것이라 했다.

탐심과 진심, 치심으로 가득한 내 마음에는 빛의 형상들이 떼를 지어 날아다닌다. 한 치 앞을 볼 수 없는 안개 속에서 원래의 투명함을 잃어버린 채 마치 환경에 따라 몸빛을 바꾸는 카멜레온처럼 하루에도 몇 번씩 마음의 빛깔을 바꾼다. 짙은 화장으로 눈물을 가리는 어릿광대처럼 슬프고 고독할수록 크게 웃으며 떠들어야 하는 현실을 가장하는 서러운 보호채색에의 집념. 팔만 사천 분별이 닦여진 마음의 빛깔은 무채색일 것이다. 그러한 것이 바로 잔잔한 호수인 동시에 해일의 바다이리라.

빛깔 없는 빛이 그리운 날은 홀연히 스님을 찾아간다. 아무 생각 없이 다만 스스로의 일상에 충실하고 있는 스님께 눈치 없이 속세의 온갖 답답함을 털어놓는다. 스님은 언제나 나의 넋두

리를 말없이 들어준다. 그럴 때마다 나는 허기져 있는 영혼에다 맑음을 가득 채우는 착각에 빠진다. 그러나 한낱 중생의 부질없는 의식에는 늘 쌓고, 부수고, 짓고. 허물어뜨리는 상념이 있을 뿐이다.

저만치 항아리 옆에 서 있는 스님의 잿빛 장삼에는 흐르는 구름이 떠있다. 바람이 걸림 없이 지나간다. 그것으로 물결이 이는 옷자락의 모습은 진정 착시인가, 바람인가, 아니면 흔들리는 내 마음인가. 화려하게 걸친 내 옷에는 집착이 덕지덕지 붙어 구름 흘러갈 자리가 없고 청정한 달빛 머물 자리가 없다. 번뇌가 많은 사람일수록 화려한 옷으로 자신의 내면을 감추는 것은 아닐까. 마음의 근본에 때가 낀 것일진대 겉으로 아무리 치장을 한들 무슨 소용이 있으랴.

온갖 빛깔들을 풀어 형형색색으로 삶을 물들인 내 자신을 새삼 돌아본다. 모든 것을 떨쳐버리고 내 본래의 빛을 찾아 떠나고 싶다. 아니 이 번잡한 도시를 떠나 본래의 빛깔만을 찾을 것이 아니라 내 마음 속에 자리하고 있는 분별들을 먼저 떠나보낼 일이다. 원초의 빛깔은 바로 내 안에 있음을, 혜안이 없는 내가 그것을 보지 못할 뿐이다.

달빛이 머물고 있는 장독대 옆의 스님은 그림자처럼 서 있다. 빛깔 없는 빛, 그 오묘한 무채색을 향해 고요히 가라앉는 마음으로 합장을 한 후 산사를 내려오는 나를 향해 다시 속세의 현란한 광채가 달려온다. 그 광채를 따라 불현듯 일어서는 각성이 있다.

동종요법同種療法.

그렇다, 돌은 돌로써 깨뜨리고, 바람은 바람으로 이기고, 독은 독으로써 다스린다고 하지 않았던가. 빛이 있는 곳에 색이 있고, 그 모든 색을 모으면 순색의 조화로 떠오른다. 빛을 등지고 달아나는 건 영원한 도주자가 될 뿐이다. 호랑이를 잡기 위해서는 그 굴 속으로 들어가야 하듯, 빛과 색을 물리치기 위해선 빛과 색을 보듬어야 한다. 희로애락 생로병사가 있는 곳이야말로 참으로 소멸의 해법이 있을지도 모른다.

속세의 진해를 덕지덕지 바르고, 두꺼운 망상의 너울을 덮어쓴 속기 중생의 눈엔, 어느새 산사가 저 멀리서 보인다. 얼마 후면 나는 다시 도회지의 중심에 서서 희미한 산사의 무채색 향내를 꿈을 꾸듯 돌아보고 있을 것이다.

독작

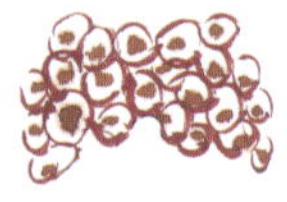

누가 어둠속으로 달려와서 창문을 흔들어대는가? 귀 기울여 보니 계절의 끝자락에서 서둘러 떠나가는 바람이다. 가는 임 보내기 서러운지 하늘도 추적추적 눈물 떨군다. 까닭 없는 내 외로움도 비가 되어 내리는 이런 밤이면 떠나는 계절을 핑계 삼아 술을 부르고 싶다. 비록 권하는 이 없으나 투명한 빛깔의 술을 큰 잔에다 가득 채워 남루한 내 영혼을 흠뻑 적시고 싶어지는 것이다.

누군가에게 왜 술을 마시느냐고 물었더니 세상이 아름답게 보여서라고 했다. 만약 내게 술을 왜 마시느냐고 묻는다면 무슨 대답을 할까. 취하고 싶어서, 아니면 주정을 하려고, 그보다는 유치해지고 싶어서 술을 마시는지도 모른다. 왜 그렇게 유치해지고 싶은 걸까. 상대에게서 단점이나 불편한 점이 보여도 나는 대놓고 나무라거나 싫다는 말을 못하는 성미다. 특히 가까이에 있는 남편이나 아이들, 그리고 친한 사람들에게 그렇다. 좋게 말하면 상대를 배려하고 이해하는 일일 테고 나쁘게 생각하면 우유부단하고 사리분별이 분명치 않는 성격 탓일 것이다.

내가 술을 마시고 유치해지는 것은 평소에 할 수 없던 말이나 행동을 거침없이 해댄다는 것이다. 성격이 소심한 나는 술이 취하면 간이 풍선만큼 부풀어 올라 기고만장해진다. 이상하게 정신은 말짱하다 싶은데 말과 행동은 그렇지가 못하다. 예를 들자면, 상대가 내게 못마땅했던 것들도 이해하고 그냥저냥 넘어갔는데, 술이 취하면 그것들을 일일이 들추어내어 사사건건 시비조로 물고 늘어지는 것이다. 뿐만 아니다. 사연도 화려한(?) 내 주정 이야기는 더 이상 접어두지 않으면 유치찬란하기 짝이 없다. 어쨌든 내 주정에 우리 가족은 두 손을 들었다. 마음을 터놓고 지내는 친구들도 내가 술을 마시자고 하면 이젠 그런 내 주정에 질렸는지 고개를 저으며 기겁을 한다.

술에 취해 유치했던 그런 마음들은 술이 깨면 그렇게 허탈해질 수가 없다. 깨고 싶지 않아도 깨어버리는 달콤한 꿈 같다고나 할까. 그래서 사람들은 술이 깨면 마시고 또 마셔서 심지어는 중독에까지 이르게 되는 모양이다.

마시면 마실수록 제어할 수 없는 마력을 갖고 있는 것이 술이 아닐까싶다. 처음에는 기분 좋을 만큼 한두 잔만 마셔야지 하고 얌전하게 마시다가도, 그 다음 단계로 넘어가면 술이 술을 마신다. 그쯤 되면 말이 많아지기 시작한다. 아무에게나 말끝을 잡고 늘어진다. 그 이후로는 술이 사람을 마신다. 그 때는 세상에 겁나는 것이 없다. 미친 사람처럼 날뛰다가 필름이 끊어지기도 한다. 내 주량은 두 번째 단계에 속할 것 같다. 술이 술을 마시고 주정을 자주 해대니 말이다.

술을 마시는 데도 엄연히 예법과 풍류가 있다. 아무래도 나는 술을 한참 잘못 배운 것임에는 틀림이 없다. 어떤 사람들은 분위기 좋은 곳에서 멋스럽게 술맛을 음미하면서 마신다지만, 나는 그렇게 술을 마셔보지 못했다. 그러니 진정한 술의 맛과 멋을 모른다. 단지 아무런 의미도 없이 술을 목구멍에다 털어 넣고는 선무당 사람 잡듯 어설픈 주정만 해왔던 것이다.

혼자서 술잔과 마주 앉는 것을 독작이라 한다던가. 이제 대작해 줄 사람 없으니 그동안 해온 이득도 없는 유치한 주정을 그만두고 독작을 하기로 마음을 먹었다. 술잔은 오고가야 맛이 난다지만 나는 홀로 잔을 채우고 비운다. 살다보면 고달픔에 겨운 날이 더러 있다. 까닭 없이 주위 사람들이 미워지고 그런 자신이 한없이 못났다는 자책이 들 때, 혼자서 술을 마신다. 홀로 잔을 채우고 비우기를 거듭하다보면 취기가 우울한 가슴에 차오르기 시작한다. 갑자기 세상이 희뿌옇게 보인다.

다람쥐 쳇바퀴 돌 듯하는 나의 일상. 세상이 돌고 내가 돈다. 때로 목이 터져라 노래를 부르다가 원인 모를 울음을 토해내기도 한다. 무슨 한이라도 풀어내듯 한참을 울고 나면 내 이성은 여과된 듯 맑아진다. 또다시 맑은 술 한줄기 내 혈관을 돌고 나면, 잊고 싶지 않아도 저절로 하나 둘 잊어지는 시름들. 세사에 무심해져 욕망의 파도가 가라앉는다.

누가 내게 하루에 한 번쯤이라도 자신을 들여다보며 살라고 당부를 한 적이 있다. 나를 들여다보는 것은 두려운 일이다. 보살것없는 나의 내면은 나를 늘 슬프게 하기 때문이다. 그런 사막 같은 황량한 마음을 한 잔의 술로 적시고 싶어 독작을 하려는 것인지도 모른다.

깊은 밤 홀로 술잔과 마주할 때 비로소 나는 술잔 속의 나를 응시한다. 내 스스로가 만든 상처 위에 쓴 약 같은 술을 붇는다. 투명한 맑음이 전신을 흥건히 적시면 내가 나를 만난다. 어느 시인은 풍류에 젖어 술을 마시다 강물에 비친 달이 아름다워 달 속으로 첨벙 뛰어 들었다던가. 내 오늘밤 마주하고 앉은 맑은 술잔 속에 풍덩 빠져 죽어도 좋으리.

독작을 하리라 마음을 굳히고서는 사람이 이토록 그리운 연유는 무엇일까. 가지 말라고 아무리 잡아도 기어코 떠나는 계절의 끝자락을 붙잡고 술을 마신다. 비가 내리는 이 밤에 왠지 또 유치해지고 싶은 마음을 달랠 길이 없다.

꽃 사이에 앉아
혼자 마시자니
달이 찾아와
그림자까지 셋이 됐다.
달도 그림자도
술이야 못 마셔도
그들 더불어
이 봄밤 즐기리.
내가 노래하면 달도 하늘을 서성거리고
내가 춤추면 그림자도 춤춘다.
이리 함께 놀다가
취하면 서로 헤어진다.
담담한 우리의 우정!

이백은 독작을 이렇게 노래했다. 나는 아직 독작의 운치를 아는 경지에 이르지는 못했다. 어느 봄날 꽃이 질 때 그 하염없음에 한바탕 눈물이라도 쏟으며 혼자 따라 마시는 독작의 의미를 새겨 보리라. 꽃피웠다 떨구는 나무의 고독과 내 외로움이 합일을 이루면 쓸쓸한 독작이 아니고 무엇이겠는가.

겨울편지

봄은 새색시 걸음으로 사뿐히 걸어 와서 품안에 안기더니, 가을은 간곡히 붙들어도 뒤돌아보지 않고 떠나는 매정한 사람처럼 가고 말았습니다.

말없이도 생각을 주고받을 수 있었던 사람. 마냥 내 곁에 머물러 오랫 동안 있어 주리라 생각했던 사람도 어느 날 뜬금없이 떠나고 말았습니다. 그렇게 떠날 수밖에 없었던 것이 운명이었다면, 버둥거리며 살아온 삶이 너무도 부질없다는 생각이 듭니다. 떠날 때 마지막으로 보여준 쓸쓸한 뒷모습을 한그루 겨울나목으로 마음에 심어야 할 것 같습니다.

보내는 모든 것에는 뼈아픈 아쉬움이 따르는 모양입니다. 만

남보다 이별을 더 소중히 여기는 마음의 준비가 되었을 때, 우리는 아름다운 삶을 살았다 말할 수 있지 않을는지요. 또한 떠나 보내야하는 운명의 삶 앞에서 사람들은 절망을 배우고 아픔을 체험하는 것이 아닌가 하는 생각을 해봅니다.

우리네 삶은 전혀 예상하지 못했던 일로 상처 받는 것이 아니라 그때그때마음 쓰지 못함으로써 돌이킬 수 없는 후회를 낳게 되는 경우가 더 많은 것 같습니다. 산다는 것은 어느 한 순간도 소홀이 할 수 없으며 순간순간이 의미 있고 소중합니다. 나는 무엇에 허둥대다가 그 가치마저 잊어버리고 이미 먼 곳을 향해 떠난 사람의 뒷모습에 대고 참회의 눈물을 감추지 못합니다.

이제 또 세월이 바뀌는 길목에 서 있습니다. 대지는 스스로 저렇듯 보낼 것을 다 보냈습니다. 참으로 위대하다는 생각이 듭니다. 나도 마음속에 쌓인 것들을 털어내고 돌아가리라 생각을 하며 산을 찾았습니다. 잎을 버린 나무 사이로 바람이 수런거리며 앞서가고 있습니다.

바람은 시간을 싣고 간다고 했던가요. 꽃 피고 잎 지는 일이 일시의 환상이었던 것 같습니다. 어쩌면 풀이 마르고 나뭇잎이 떨어지는 것이 아름다움일 수도 있겠다는 생각을 해 봅니다. 겨울은 봄을 잉태하고 있기 때문이 아닐는지요. 자연도 껍질을 보지 말고 영혼 속을 보았을 때, 뭇 생명의 소리가 그 속에 움트고 있으니까요.

겨울산은 처연히 앉아 발목을 못 속에다 살짝 내려놓았습니다. 못가의 나무들은 화려했던 시간의 빛깔을 몽땅 벗어 물속에다 던져버렸네요. 빈 가지를 바람에게 맡기고 물에 비치는 자신을 응시하고 있는 나무를 보면 마치 산에서 도인을 만난 것 같기도 합니다.

뱀이 허물을 벗듯, 나무가 잎을 벗어 미련 없이 물속으로 던져 버리는 것처럼, 사람이 버림의 의미를 배우기란 무척 어려운 일인 것 같습니다. 하지만 빈 공간을 마련해 놓지 않으면 새로운 생각이 들어올 수 가 없겠지요. 세상 모든 것은 내안에 잠시 머물다 가는 것이라고 스스로를 다잡아봅니다. 그것들을 모두 내 것이란 이름으로 붙잡아두면 오히려 불행해진다는 것으로 나 자신을 위로해야겠습니다.

우레와 번개가 지나가고 새털구름조차도 말끔히 씻겨버린 가을 하늘이 그토록 사무치게 하더니, 무심코 고개를 들다 부딪힌 짙푸른 겨울 하늘은 이리도 마음을 시리게 합니다. 변하는 것이 어찌 하늘뿐이겠습니까.

질펀하게 드러나 있는 부드러운 산허리를 더듬어 가다가 중턱에 앉아서 다시 하늘을 올려다봅니다. 구름이 무한히 자유롭다는 것이 느껴집니다. 도시의 골목에서 바라보는 하늘은 구름

도 갇혀있다는 생각을 했는데, 산에서 바라보는 허공은 구름도 마냥 자유롭기만 합니다. 나도 걸림 없이 살았으면 하는 생각을 해봅니다. 그 무엇도 나를 잡아두지 않았는데, 벗어나고 싶은 갈망은 내 마음이 바람과 저 구름을 사랑하기 때문이 아닌가 합니다.

혼자서 산을 오르는 것은 소유하지 않아도 한껏 충만해지는 자연이 있기 때문입니다. 하늘과 구름, 바람과 나무를 그리워하며 사랑하다 보면 내 마음에 새겨진 아픔도 고독의 빛깔도 조금은 희미해질 테니까요.

보내는 것은 한없이 슬픈 일이고 잊고자 하는 것은 억장이 무너지는 고통입니다. 그러나 물처럼 저 구름처럼 흘러가는 것이 우리네 삶이 아니던가요. 잡으려 애써도 허망하고 막아두려는 것조차 부질없음이 아닐는지요.

오는 것을 막을 수 없고 가는 것을 잡을 수 없는 질서 정연한 자연의 이치를 겨울산이 나에게 보여주고 있습니다.

부처새끼

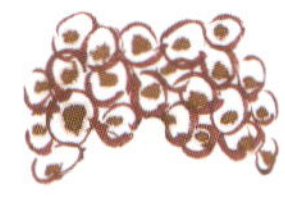

부처새끼가 왔다. 적막이 감돌던 우리 집에 달덩어리 같은 부처새끼가 오고부터 밤낮없이 둥실둥실 달이 떴다. 처음에는 눈을 감고 잠만 자던 부처새끼가 어느 날 눈을 뜨는 순간부터 나를 눈부처로 맞아 주었다. 가만히 들여다보면 아기의 맑은 동공에 내 모습이 선명하게 비치는 것이었다. 눈부처였다. 티 없이 선한 아기의 눈 속 나를 보는 순간 울컥 눈물이 났다. 때 묻은 영혼이 부끄러웠을 것이다. 눈부처가 된 이후로 아기의 눈만 보고 있으면 세상 시름이 모두 사라져 버리는 것 같았다. 오죽했으면 시인이 말했겠는가. "내 그대 일평생 눈부처 되리"라고.

낳자마자 받아 키운 손자는 우후죽순처럼 자라서 첫돌이 지났다. 어느새 오만 저지레를 찾아 하고 다니는 우리 집 말썽꾼이 되었다. 저지레를 아무리 한들 무슨 대수랴. 아장아장 걸어 다니는 고놈. 까르르 터지는 웃음을 해종일 집안 가득 쏟아 붓는 우리 집 부처새끼다.

부처새끼란 말은 어릴 적 할머니에게서 자주 들었던 말이다. 세상에 새끼들은 예쁘지 않은 것들이 없다. 무서운 호랑이도 못생긴 고릴라도 새끼 적에는 귀엽고 예쁘다. 하물며 부처새끼임에랴. 예쁘고 귀하다는 일상적인 말로는 도저히 표현이 모자라 할머니는 그에 버금가는 최고의 단어를 만들었던 걸까. 아마도 귀함과 미쁨이 넘쳐서 자지러질 때 하는 표현이 아닌가 싶다.

부처새끼란 말을 떠올리니, 오래 전에 시외가댁 부처새끼 이야기가 생각나서 나도 몰래 웃음이 터져 나왔다. 그 집 부처새끼는 새끼가 아니었다. 갓 시집을 온 나는 시외가 그러니까 남편의 외가에 인사를 드리러 갔다. 강 동쪽 산골 마을이었다. 고모 집 새 며느리가 왔다고 친척들이 모여 식사를 했다. 농사를 짓는 외삼촌은 기골이 장대하고 요즘 말로 얼짱이었다. 그런 외삼촌 곁에 앉아있는 외숙모님은 못난이 인형 삼형제 중 한 명을 데려다 앉혀 놓아도 그보다는 나을 듯했다. 외삼촌 겨드랑이에 겨우 닿이는 작달막한 키에 못생긴 정도가 좀 지나쳤다. 사람을 두고 외모로 평가할 것은 아니지만 그리 못생긴 사람은 처음 봤다. 누가 봐도 짝이 기우는 두 분 곁에는 외숙모를 쏙 빼닮은 막내딸이 앉아 있었다. 흔히들 닮은꼴을 보고 붕어빵이라는데 모녀가 그랬다. 두 못난이를 두고 외삼촌 하시는 말씀이 "딸아, 딸아, 니는 우예 그리 못났노?" 외삼촌의 진지한 표정을 봐서는 농담으로 한 말은 아닌 것 같았다. 나이 들어가는 딸을 보니 아무래도 시집보낼 일이 걱정되신 모양이었다. 그때 막내딸이 가뜩이나 치켜 올라간 눈 끝을 쳐 올리며 대들 듯 되받았다.

"엄마를 닮아서 그렇잖아요." 혀를 끌끌 차시며 외삼촌이 하시는 말씀이 가관이었다. "지금도 나무랄 데야 없다만 너그 엄마는 너 같을 때 꼭 부처새끼 같았데이." 붕어빵인 따님 못생긴 걸 볼 수 있었으니 외삼촌의 눈높이가 잘못 된 건 아닐 것이다. 그런데 그리도 못생긴 부인 어디에서 부처새끼를 발견했단 말인가. 훤칠하고 잘생긴 외삼촌의 콩깍지가 평생 벗겨지지 않는 걸 본 친지들이 박장대소를 하며 배꼽을 잡고 웃는 것이었다. 나는 새색시 체면에 소리내어 웃을 수도 없고 해서 웃음을 참느라 애를 먹었다.

모과를 두고 누가 과일전 망신시킨다 말했던가. 외숙모님의 외모가 모과처럼 겉은 비록 볼품이 없어도 속으로 뿜어내는 향기로움이 외삼촌을 취하게 했던 걸까. 도대체 그 댁의 부처새끼는 풀리지 않은 의문이었다. 이순을 바라보는 연세에도 그렇게 못생긴 부인이 부처새끼로 보였으니 그보다 더한 사랑은 세상 어디에도 없을 것이다. 두 분은 양가 부모님들이 가까운 사이인지라 선도 보지 않고 혼례를 올렸다고 한다. 초례청에서조차 얼굴을 자세히 보지 못했던 부인을 평생 부처새끼로 여긴 것은 분명 외숙모의 못생긴 외모만을 본 것이 아닐 터이다. 사람의 내면을 읽어내는 눈을 혜안이라고 한다. 따뜻하고 배려 깊은 외삼촌의 혜안이 외숙모의 어여쁜 심성을 보았을 것이다. 이를 보면 남녀가 만나 함께 살아가는데 외모가 중요한 것이 아니라, 보는 사람의 마음이 중요한 것이라는 생각을 하게 된다. 너 죽고 나 못 산다는 불같은 사랑도 삼 년이 못가서 식는다는데, 그 토록 못생긴 부인을 평생 부처새끼로 볼 수 있었던 외삼촌이야말로 이 세상에서 가장 행복한 사람일 것이다.

모두가 다 그런 것은 아니지만 요즈음 신세대들은 외모에 많이들 치우치는 것 같다. 겉으로 드러나는 인물을 보고 사람을 평가한다는 것이다. 배우자를 고르는 것 역시 외모가 먼저다. 너 나 없이 외모만 앞세우다 보니 얼굴을 바꾸는 성형외과가 문전성시를 이룬다고 한다. 살아온 환경과 성격이 서로 다른 사람들이 만나 한생을 같이 살아가는 것이 결코 녹록치만은 않은 일이다. 정작 바꾸어야 할 것은 얼굴이 아니라 상대를 이해하는 넉넉한 마음이 아닐까. 결혼한 사람들 네 쌍 중 한 쌍이 성격 차이로 이혼을 한다고 한다. 이는 외모로 사람을 평가한 결과가 아닐까 싶다. 옛 어른들은 얼굴을 보지 않고 결혼을 해도 못난 부인을 부처새끼로 보며 평생을 해로하며 살았다. 외적인 것보다는 내적인 것을 추구했던 지혜를 엿볼 수 있는 대목이다.

지금도 떠올리면 웃음이 나는 시외가댁의 부처새끼 이야기는 겉치레에만 치우쳐 살아온 삶을 가끔씩 돌아보게 한다. 실은 부부가 되어 한생을 살아보니 서로의 외모에 대해 그다지 문제 삼을 일은 없었던 것 같다. 그 댁 부처새끼의 의문이 세상을 살 만큼 산후에야 밝혀진 셈이다.

나는 요즈음 매일 우리 집 부처새끼만 보면 자지러진다.

4부

다시
겨울의 정원에서

솔숲 속의 흥덕왕릉

안강들을 가로질러 가 닿은 산자락. 소나무 숲에 둘러싸인 아늑한 뜰에 유택幽宅이 보인다. 흥덕왕릉이다. 그곳에는 왕의 멈추어진 시간이 머물러 있는 듯하다. 주인은 한 번도 다녀가라 청한 적이 없건만 나는 마치 초대받은 사람처럼 마음 설레며 찾아간다. 거기 소나무와 솔향기가 나를 반겨주기 때문인지도 모른다. 이젠 고향에 가도 볼 수 없는 소나무가 그곳에 모여 있기에 고향 가듯 솔숲을 만나러 가는 것이다.

저만치서 솔숲을 바라보면 휘어진 소나무들이 마치 동구 밖에 나와 나를 반겨주는 고향 사람들 같다. 찬란하게 빛났던 신라의 왕조가 사라진 지 이미 오래이건만 왕은 사철 푸른 솔이

둘러선 가장자리에 하나의 산봉우리가 되어 세월을 잊은 듯 앉아 있다. 둘레 소나무들이 마치 신하들인 양 왕을 향해 일제히 머리를 조아린 모습이다. 어느새 달려 왔는지 안강들에 머물던 가을 햇살이 떼 지어 몰려와 왕릉 위를 오르내리고 있다.

솔숲 속의 아늑한 집, 먼 옛날 신라의 흥덕왕이 먼저 세상을 떠난 부인과 합장된 유택이다. 당나라에 갔던 사신이 앵무새 한 쌍을 궁궐로 데리고 왔는데, 어쩌다 암놈이 죽고 홀로된 수놈이 하도 구슬피 울어 왕이 거울을 앞에 놓아 주었다. 거울 속에 비친 자신을 짝인 줄 알고 쪼아보다가 그것이 제 모습임을 알고는 슬피 울다가 죽고 말았다. 그 후 사랑하는 왕비가 세상을 떠났다. 신하들이 새 왕비를 맞이들이라고 청하니 "새도 제 짝을 잃으면 슬퍼하거늘 사람이 어찌 사랑하는 배필을 잃었는데 차마 새 장가를 가겠냐"며 끝내 시녀들도 가까이 아니 하다가 돌아가시니 왕의 유언에 따라 왕비의 무덤에 합장을 하였다고 한다.

이생에서 못다 한 삶을 저승에서나마 영생하려 했던 것일까. 왕은 무덤 속 저세상에서 왕비를 만나 천년을 함께 살고 있다. 숲을 헤치고 능 앞에 다다르면 마치 어느 집 안방 아랫목에 들어온 듯 편안하고 아늑하다. 그것은 아마도 훤출한 육송들이 능의 둘레를 빈틈없이 감싸고 있기 때문이 아닐까싶다. 호위병들처럼 능을 지키고 서 있는 소나무는 사철 푸르러 기개가 하늘에 닿을 듯하다. 소나무가 자신이 서 있는 그늘 아래 한 포기 잡초도 키우지 않는 것을 보면, 마치 부인을 지극히 사랑했던 왕의 지조를 닮았다고 할까.

왕은 한생으로 못다 한 사랑이 아쉬워 외딴 솔숲에 영원의 집을 지었던 것은 아닐까. 살아서 백년해로도 못하는 사람들은 하루도 마음 편할 날이 없어 불꽃이 이글거리는 화택火宅에서 한 생을 마감한다. 왕은 아마도 살아생전에 생의 무상함을 느꼈는지도 모를 일이다. 그리하였기에 차라리 죽어 영생할 수 있는 유택을 지어 사랑하는 이와 천년의 고요 속에서 전설로 남아있음은 아닐는지…….

나는 꿈을 꾸듯 솔향기에 취해 숲을 걷는다. 하늘과 소나무가 내 가까이 다가오는 숲에 오면 은밀하게 숨겨놓은 세계가 펼쳐지듯 고향의 솔숲이 불현듯 그리워지는 것이다.

소나무들은 고향사람들의 심성과 닮았다. 고향마을 앞산에는 쭉 뻗은 황장목이 팔등신 미인들처럼 서 있었고, 뒷산에는 껍질이 두툼한 다복솔이 엎드려 산을 지켰다. 땅은 척박하고 논밭이 귀하던 산골의 부모님에게는 산이 귀한 보배였다. 특히 가을 산 솔뿌리 곁에 솟아나는 송이는 가계에 많은 도움을 주었기에 우리가 도회지로 나가서 공부할 수 있는 발판이 되기도 했다.

객지로 나가 떠돌다 방학 때 고향집에 돌아가면, 보고 싶었던

할머니보다 먼저 나를 반겨준 것은 넙죽히 엎드려 있던 뒷산 다복솔이었다. 버스에서 내려 빨근디언덕을 내려갈 때 폐부 깊숙이 전해오던 솔향기. 지금도 마음은 어느새 그 산등성이로 달려간다.

"해마다 나를 애끓게 하던 데가 어딘지 비로소 알겠구나. 달 밝은 밤의 다복솔이 서 있는 산등성이였구나."

라는 시구가 새삼 떠오른다. 마음 한 자락을 두고 왔는지 솔 언덕은 나를 그렇게 늘 사무치게 한다.

솔숲 속의 아늑한 뜰. 고향 가듯 달려가서 한나절을 서성이며 향수의 갈증을 채운다. 왕은 사랑하는 부인과 천년의 시간 속으로 돌아가서 침묵한 채 전설 속에 살고, 곁을 지켜온 소나무는 생성과 소멸을 거듭하며 푸르게 서 있는 곳에 나도 서 있다.

들판을 더듬다 숲으로 내달음 치던 햇살을 서산이 삼켜 버렸다. 해를 먹고 산이 토해낸 붉은 노을이 소나무 끝에 걸려 있다. 저물녘 솔숲을 돌아 나오는데 청설모 두 마리가 솔가지에 걸터앉아 솔방울을 가슴에 안고 열심히 굴리고 있다.

묵빛 단상

나는 겨울산이 좋다. 잎 떨군 나무들이 골짜기마다 줄지어 서 있는 모습이 왠지 아름답게 보인다. 남루한 옷가지를 미련 없이 털어버리고 삭풍 앞에서도 당당한 겨울나무. 시린 창공에 자유로이 뻗은 가지들의 저 묵색을 대하면 들뜬 마음이 차분해 짐을 느낀다. 끊임없이 몰아치는 번민과 갈등, 오욕과 애증을 삭여낸 인간 내면의 모습이 아마도 저러하지 않을까.

알몸으로 찬바람을 견디는 나목들은 겨울에 잉태를 한다. 지난가을 잎 떨군 자리를 들여다보면 하나같이 꽃피울 주머니와 잎 매달 주머니가 볼록하다. 그때 잎 없는 빈 나무는 오묘한 빛깔을 드러내는 것이다. 잎을 틔우기 전의 나무의 빛깔을 묵으로 표현해 보고 싶었다. 그림자 남기지 않는 청명한 하늘바탕에 겨울나무 한 그루를 화선지에다 옮겨놓은 듯 그려보고 싶었다.

그러나 나는 그림에는 문외한이다. 왠지 붓만 보고 있어도 주눅이 든다. 차분하지 못한 성격이라 턱없는 일인 줄 알면서도 용기를 내어 불교 교육원 사군자 교실을 찾았다. 그곳에 모여 있는 사람들 앞에 정갈하게 놓인 화선지에는 점점이 피어오르는 묵향이 가득하다. 매화, 난초, 국화, 대나무, 수묵의 아름다운 빛과 향 또한 나를 사로잡았다. 붓을 들기 전에 이미 종이 위에 펼쳐지는 무궁무진한 묵빛의 조화로움에 빠져들고 말았던 것이다.

오랜 세월 사군자와 함께해서일까. 선생님의 신속한 붓놀림은 조용히 가라앉아 유연해지는가하면, 어느새 화선지 위에는 살아있는 난잎이 일렁인다. 매, 란, 국, 죽을 쳐 주시는 모습 자체가 한 폭의 묵화였다.

창가로 눈을 돌리니 저만치 계림 숲이 보인다. 오랜 시간의 흔적을 새기고 있는 나목들을 가리키면서, 저 나무를 묵으로 그려보고 싶었다고 했더니 선생님은 고개만 끄덕 끄덕 하신다. 그런 내 야무진 꿈이 얼마나 가당찮은 것인지를 붓을 들어보고서야 알았다. 화선지에 선을 긋는 것조차 제대로 되질 않는다. 선

머슴처럼 설치고 다니던 내가 과연 붓을 놓지 않고 얼마나 버텨낼지가 의문이었다.

"청정하고 거짓이 없어 선비의 지조가 있고 시, 서, 화가 함께 어우러지되 들뜸이 없어 차분하고, 티가 없어 정결하며 맑고 꾸밈이 없어야 합니다."

거침없이 난을 쳐 나가는 선생님의 붓끝을 보면서 맑고 꾸밈이 없다는 그 말에 마음이 설레었다. 사람도 맑고 꾸밈이 없다면 사군자처럼 청정해지지 않을까 싶기도 했다.

먹을 갈 때는 다소곳이 앉아 잡생각들을 걷어내라고 한다. 마음도 함께 다듬어 가라앉히라고 했다. 마음이 가라앉아 잔잔해질 때 붓을 들면 그곳에 매화가 피고, 난잎이 살아서 흔들리고 국향이 진하며, 청정한 댓잎이 힘있게 일렁인다고 하였다. 마음으로 난을 쳐야 미와 향이 함께 어우러진다고 타이른다.

사군자의 묘미는 화선지 위에 거침없이 그어나간 사이마다 하얗게 드러나는 여백이 아닐까 한다. 이 나이가 되도록 나는 삶의 그릇을 얼마나 많이 채울까만 고민했다. 화선지의 여백을 대하고 보니 삶이란 진정 채워만 가는 것이 아니라 비워가야 하는 것이 아닌가 하는 생각을 한다. 비워있음의 넉넉함과 여백의 미를 뒤늦게 발견했다고나 할까.

여러 색이 하나로 동화된 농도 짙은 묵빛이 발하는 차분하고 담담한 무채색을 대하면 겸손함이 느껴진다. 그럴 때면 세월도 잡지 못했던 나의 분방함을 붓끝에다 잡아매 볼까 하고 감히 생각해 본다. 묵화를 치는 붓끝에 그 사람의 내면이 담고 있는 섬세함과 마음의 향기가 퍼져 나올 것이다. 내 비록 그러한 경지에 가지 못한다 한들 묵향의 그윽함에 젖다보면 마음이라도 다스려지려니 하는 생각이다. 맑은 묵화와 함께 하면 언젠가는 내 삶에도 여백이 생기지 않을까 싶다.

소란스런 하루가 어둠으로 깊어지는 시간, 화선지를 펼친다. 더께로 앉은 탐욕의 먼지와 마음의 모난 곁가지들을 묵향으로 쳐내버린다면 남아 있는 하얀 공간에 청정한 대나무 잎이 일렁이는 그런 시간이 올 것인지. 부질없이 붓만 놓았다 들었다 한다. 가지런한 마음으로 고르게 먹을 가는 것이 도와 다를 바가 없으며, 촉 긴 붓과 향기로운 먹만 있으면 어디든지 정토일 수 있다 한 어느 서예가의 말에 공감을 할 뿐. 붓은 여전히 갈피를 잡지 못하고 있다. 선이 눈에 보이지 않는 의문을 화두로 깨달음을 얻고자 한다면, 서예는 예리한 붓끝에다 온 마음을 모아 심기의 극치에 도달하고자 함일 것이다.

그 겨울의 끝, 나목을 그리고 싶어 찾아와서는 오래도록 묵과 씨름만 했다. 창 너머 보이는 숲의 나무들이 어느새 또 잎을 떨구고 있다. 그토록 애타게 그려보고 싶었던 겨울 나목을 아직도 바라만 보고 있을 뿐이다. 내내 바라보다 어느 날 나무와 내가 하나 될 때 세월을 촘촘히 새긴 한 그루의 나목이 내 마음 속에 우뚝 서지 않을까. 그런 시간이 간절하다.

돌부처의 미소

경주박물관 뜰 한쪽에 목을 잃어버린 돌부처가 가지런히 앉아 있다. 분황사 우물 속에서 발견되었다고 전해진다. 목을 도둑맞고 긴 세월 우물 안에서 잠만 자다가 발굴된 돌부처. 비록 목은 없으나 두툼한 가슴을 펴고 가부좌를 틀고 앉은 모습은 예사롭지가 않다. 석불 옆에서 겨우내 움츠리고만 있던 벚나무는 가슴으로 전하는 석불의 미소에 화들짝 놀랐는지 환하게 꽃불을 밝혀 놓았다.

동그스름한 이목구비며 청련목에 서려있는 그 신비로운 미소는 어디에다 두었는지 가슴만 내어 밀고 있다. 그러나 한참 바라보고 서 있으면 얼굴이 있다 없다 하는 것은 보는 사람의 마음에서 일어나는 분별일 뿐이다. 석불은 얼굴이 아닌 가슴으로 미소를 보내고 있음을 느낄 수가 있다. 신라의 석공은 삶과 죽음을 뛰어넘은 인간 해탈의 경지를 저렇듯 돌에다 표현하여 그 혼을 불어넣었으리라.

누구라서 감히 그 아름다운 목을 베어 갈 수 있었으랴. 아마도 천상의 선녀들이 내려와 바라보다가 차마 모셔가지 못하고 엉겁결에 얼굴만 들고 가버린 것은 아니었을까 하는 상상을 해 보는 것이다.

진정한 미소는 얼굴이 만들어내는 표정이 아니라 가슴에서 우러러 나오는 마음의 표현일 것이다. 〈모나리자의 미소〉라는 명화를 처음 보았을 때 나의 솔직한 느낌은 혼돈스러웠다. 그렇게 신비롭다고 전해지는 미소를 발견해내지 못했기 때문이다. 어둠이 엷게 드리워진 그 얼굴의 이목구비 어디에서도 미소를 찾기에는 너무도 완벽하게 표정이 굳어있는 것 같아서였다. 그러던 어느 날 박물관 뜰에 무심히 앉아있는 목이 없는 석불을 만난 후에 그 의문이 풀린 셈이다. 미소는 얼굴이 만들어내는 어떤 표정이 아니라 바라보는 사람의 마음에서 자연스럽게 우러나온다는 것을. 숨은 그림을 찾는 것처럼 마음으로 찾아내야 한다는 것을 말이다.

우리가 살고 있는 주변 산 능선이나 허물어진 절터에는 목 없는 석불들이 앉아 있거나 서 있는 모습을 흔히 볼 수 있다. 내 어릴 적 고향 마을에는 오리쯤 떨어진 빈 절터 그곳에도 목 없는 석불이 있었다. 할머니뿐만 아니라 동네 분들은 그 석불이 영험이 있다하여 공을 들이고 원을 세워 기도하는 이들의 발소리가 끊어지질 않았다. 사람들은 그 영험이 얼굴이 없어도 가슴에서 나온다는 것을 확신했음이 아닐까. 비록 목이 잘린 채 빈 절터를 지키고 서 있어도, 잡초처럼 살아온 민초들의 한을 말없이 받아 안으며 다독여온 역사의 산 증인이라 할 수 있을 것이다. 목 없이 서 있는 석불을 보고 있노라면, 인간이 이어온 역사의 발자취는 목을 자르면서 이어져 온 것인지도 모른다는 생각을 하게 된다.

포석정에서 신하들에게 유상곡수연을 베풀던 신라의 경애왕은 불시에 쳐들어온 견훤의 침략을 받아 비참하게 당하여 신라 천년의 막이 내렸다고 한다. 고려 충신 정몽주는 자신의 목이 잘릴 줄 뻔히 알면서도 선죽교를 태연히 건넜다던가. 불의와 타협하지 않았거나 죄 없이 목이 잘려도 그 정신만은 남아 길이 역사에 빛나는 인물들이 많다. 석불도 그런 긴 역사를 지켜보다가 아무런 죄 없이 목이 잘려버린 것은 아닐까 .

석불은 나라가 흥하고 망하는 것을 긴 세월동안 바라봤기에 그 부질없음을 가슴으로 전해줄 뿐이다. 만물을 변화시키며 흐르는 세월 속에 머리를 잃어버리고 처연하게 앉아 있는 석불. 가슴이 굳어있는 사람들의 마음을 무언의 미소로 녹여 주고 있다.

귀를 잃고

언제부턴가 왼쪽 귀가 잘 들리질 않았다. 성한 한 쪽이 있으니 차차 트이려니 하고 미련을 떨다가 더 기막히는 일이 생기고 말았다. 귀는 내게 무슨 경고라도 하듯 갑자기 괴상한 소리를 내질렀다. 마치 무너져 내린 막장 속 칠흑 같은 어둠속에서 쇠와 쇠끼리 부딪쳐 긁히는 소리라 할까. 덩달아 가슴이 저려서 견디기가 힘이 들었다.

그제야 서둘러 병원을 찾아가 정밀 검사를 받았다. 의사는 알레르기 체질에서 오는 희귀병이라고 했다. 코와 귀로 연결되는 기관에 염증이 생겨 소통의 통로가 막혀 버린 것이란다. 체질을 바꾸어 주는 것이 우선이고 치료 기간은 이 년쯤으로

잡았다. 완치는 그 때 돼봐야 알 수 있다는 애매한 대답만 듣고 병원을 나올 수밖에 없었다.

귀는 날이 갈수록 나아지지 않았다. 자연히 답답한 일만 생기는 거였다. 조용한 곳에서 둘이 마주보고 앉아 연인들처럼 도란도란 이야기를 나눌 때만 성한 귀가 들어 주었다. 세 사람 이상 모이게 되면 한 쪽 귀가 왕왕대며 소리를 질러대는 거였다. 그 바람에 마주앉은 사람이나 옆 사람의 말을 당체 알아들을 수가 없었다. 사람들이 모여 있는 자리에서는 절로 귀머거리가 되고 마는 것이다. 멍청하게 앉아 남의 입만 쳐다보다가 동문서답을 하거나 눈만 껌뻑이며 히죽히죽 웃고 마는 막막한 바보가 된다. 원래 어리비리한 사람이 귀까지 먹었으니 남의 시선에 비칠 내 몰골이 참으로 기가 막혔다.

굉음이 내 귀를 장악한 것이다. 누군가의 말을 듣기 위해 입꼬리를 읽으며 말의 뒤끝을 잡으려 애를 써보나 매번 허탕을 쳤다. 사람들의 말이 내 귀에 닿지 못하고 나뭇잎처럼 무수히 떨어져 시들어 갔다. 이는 분명 마음을 보라는 무언의 채찍인지도 모른다는 생각이 들었다.

한동안 울적한 마음을 달래느라 힘은 들었으나, 다른 한편으론 그동안 내 귀가 담아온 것들을 헤아려 보는 좋은 계기가 되었다는 사실이 다행스런 일이기도 했다. 여태껏 귀 기울여야 할

참말보다는 듣지 않아도 될 쓸데없는 말만 가득 채워 오지 않았던가. 가만히 생각해 보면 내게 보약이 되는 충고나 쓴말은 의도적으로 못들은 척 피해왔다. 대신에 달콤하고 살살 녹는 비상보다 더 무서운 말들만 가득 채워 왔기에 어쩜 내 귀는 그릇된 말로 가득 차서 포화상태일지도 모른다.

깊은 곳에서 우러나오는 내면의 소리에는 귀 기울이려 하지 않고 화려한 입발림이나 겉으로 속삭이는 말들을 좇아 다녔던 것 같다. 먹은 귀는 이쯤에서 그런 자신을 돌아보라는 반성의 기회를 준 것은 아닐까. 그동안 이득 없는 것들을 붙잡고 악다구니를 해대거나 쓸데없는 것에 귀를 세우는 내가 한심해서 반란이라도 일으킨 것은 아닌지.

귀가 막히면 할 말이 없다고 하였던가. 그보다는 말을 잃어버렸다고 해야 할 것 같다. 어느 날부터 내속에 불쑥불쑥 솟아나던 말의 집들은 그렇게 부서지고 있었다. 말을 듣지 못하면 자연스레 내 말을 잃어버린다는 것을 귀가 들리지 않고서야 알았다.

그동안 세 치도 안 되는 혓바닥으로 참 많은 말을 멋대로 뱉어 왔다. 말 많은 세상, 지금까지 내 입은 할 말 안 할 말 무수히 많은 말들을 쏟아냈다. 아마도 쓸 말보다는 몹쓸 말을 더 많이 했을 터이다. 모진 말로 남에게 상처도 주었을 것이다. 또

한 무심코 뱉은 말이 시위를 벗어난 화살처럼 대중없이 달려나가서 누군가의 가슴에 아프게 꽂히지나 않았는지 생각을 해본다.

귀가 잘 들을 수 없으니 입은 붙이는 것이 훨씬 편하다. 대신 눈이 사람이든 사물이든 명확히 직시하려 애를 쓴다. 들리지 않을수록 들으려 하는 본능적인 심리는 눈빛에서 나타난다. 사람의 눈 속에 말없는 말과 소리 나지 않는 정제된 언어들이 물처럼 고여 있다는 것을 귀가 멀고서야 알았다.

시간이 지나면서 차츰 귀로 말을 듣는 것이 아니라 눈으로 말을 읽는 것을 알아가야 했다. 눈빛이나 표정에서 말을 알아 차려야 하고 무엇보다 사람의 마음을 볼 수 있어야 했다. 들리지 않아 답답한 귀는 내버려두고 눈이 역할 분담을 하는 셈이다. 귀로 듣는 것은 소리에 불과하지만 눈빛이 오갔을 때는 마음으로 하는 말을 보는 동시에 듣는 것이다. 소리가 멀어지는 대신에 마음을 볼 수 있는 눈을 얻어간다고 할까.

눈빛을 보고 표정을 읽는 법을 알아간다면 삶이 담고 있는 신비로움 같은 것도 알 수 있지 않을까 싶다. 눈빛은 마음에 서려 있는 말할 수 없는 간절한 그 무엇을 대신해 주기 때문이다. 말로는 거짓과 진실을 가려내기가 애매하나 때론 눈빛이 그것을 확연히 드러낼 때가 있다. 눈은 마음의 창이기 때문이다.

귀를 잃는 것은 말을 잃어버리는 동시에 삶의 질을 잃는 것이다. 무엇이든 잃어보지 않고서는 그 불편함을 알지 못한다. 귀가 내게 준 교훈이다.

봄꽃향기 너에게로

봄은 바우고개 넘어서 오고 제비 앞세워 온다고 했던가.

한낮에 달려온 빗소리에 봄이 가득 실려 왔다. 아무래도 봄은 빗방울을 타고 오는 모양이다.

가랑비가 추적추적 흩뿌리다 떠나면 대지는 마치 겨울잠을 자던 개구리 눈 뜨듯 몸을 푼다. 흙을 덮고 잠자던 씨앗들은 몸살을 앓다가 꼬물거리며 세상에 태어날 것이다. 보슬비가 사뿐사뿐 봄 처녀 자태로 오는 밤. 아린 가슴을 밤새 추스르다 산을 찾으면 영락없이 진달래 꽃망울은 터질 듯 부풀러 있다. 이슬비가 배실배실 한나절 내려와서 가지마다 맺히면 나무들은 몇 날을 두고 산고를 치러야 한다. 움을 틔우려나 보다.

도시의 시멘트 벽 속에 갇혀 봄이 오는지 가는지 몰랐다. 솜이불처럼 무거운 겨울의 자락을 뒤집어쓰고 있는 내게 봄비처럼 매화꽃향기가 실려 왔다. 지리산 산지기인 그는 매년 이른 매화꽃 향기를 보내온다. 자연이 만들어내는 변화무쌍한 아름다움을 계절이 바뀔 때마다 전해주는 것이다. 고향산천을 생명처럼 소중히 여기고 사랑하며 살아가는 사람이다. 맑은 마음에 꽃향기 싸서 봄비 편으로 보내온 그의 심성이 꽃보다 더 아름답게 전해져 온다. 비가 그치고 날이 맑아지면 나도 들로 산으로 봄을 맞으러 나서야겠다.

내가 자란 산골에는 봄이 가장 먼저 오는 곳이 보리밭 머리였다. 양지바른 밭둑에 슬며시 기대앉으면 아시랑이에 취해 어디론가 가뭇없이 떠나고 싶었던 어린 날의 봄 풍경이 떠오른다. 종달새가 하늘 가까이 떠올라 맑은 목소리로 몇 날을 두고 노래를 부르면 아지랑이도 아른아른 보리밭으로 내려왔다. 진초록 밭머리에는 멀미가 나도록 아지랑이가 피어올랐다. 어머니는 긴 이랑을 잡고 당신 삶 속에 돋아나는 잡초를 뽑아내듯 해종일 보리밭의 김을 맸다.

도타와지는 햇살에 가눌 수 없는 아련한 마음을 앞세워 보리밭을 찾아 나섰다. 누군가가 도시의 강변 자투리땅에다 보리를 심어 놓았다. 밭둑에는 햇살이 먼저 와 새싹들을 어루만지고 있다. 알려주는 이 없어도 알고 찾아드는 봄빛. 들풀이 부산하게 돋아나는 밭둑에는 강물 같은 평화가 넘친다. 겸손한 땅은 풀꽃 하나라도 저렇듯 출중하게 키워낸다. 어제 내린 비 덕분인지 보리는 하늘을 향해 허리를 꼿꼿하게 세웠다. 제일 먼저 고개를 내민 쑥들은 무리를 지어 초록으로 물들어 가고 뒤를 이어 달래 냉이 씀바귀들이 저마다 질세라 싹을 내민다.

봄이면 그렇게 흔하던 풀들이 어머니 손을 거치면 맛있는 나물이 되어 우리들 입맛을 돋우던 생각을 하니 한 입 가득 군침이 흐른다. 냉이 하나로도 몇 가지의 반찬이 되어 나오던 어머니의 손맛이 그리운 봄날이다.

강변의 마른 갈대 속에서 눈을 굴리던 작은 새 한 무리가 하늘을 향해 일제히 비상을 한다. 텃새들인 모양이다. 풀씨조차 동면해버린 강변에서 겨울을 어떻게 보냈는지 안부가 궁금하던 차였는데, 새들은 강바람 등에 업혀 힘찬 날갯짓으로 강변에 봄을 실어 나르는 중이다.

물에 발목을 담근 채 겨우내 고사목처럼 언 강을 지키던 물버들은 누구보다 강이 풀리길 손꼽아 기다렸을 것이다. 얼음이 풀리자마자 움을 틔워 연두색 잎들이 태어나는 중이다. 생명의 환희와 신비로움이 강변을 가득 메운다. 오랫동안 머물고 싶다. 문 닫아걸었던 내 마음에도 어느새 연둣빛 봄물이 번진다.

봄빛 따라 와 닿은 곳 오어지이다. 계절마다 물빛을 달리하는 오어지는 운제산 여러 골짜기에서 봄을 맞으러 나온 물들이 가득 모였다. 못물은 지금 봄단장을 끝낸 새아씨처럼 옥빛 치마저고리로 갈아입었다. 말없이 오어사 대웅전을 바라보고 있는 바위를 두고 어느 시인이 뻥대라고 했던가. 잔잔한 수면을 흔적없이 뚫고 들어가 거꾸로 앉아있는 모양은 언제 보아도 해탈한 고승이 선정에 든 모습을 닮았다.

시절은 머물렀다가 떠날 때는 바위에게도 못물에게도 정표인냥 새 옷 한 벌씩 해 입히고 가는 모양이다. 이 봄에 뻥대에게는 걸맞지도 않게 진분홍 꽃물 들인 망사 옷 한 벌 해 입혀놓은 것 같다. 천 날 만 날 변함없이 앉아서 목을 빼고 오어사 대웅전만 응시하고 있으니 기다리다 못한 진달래가 꽃으로 옷을 해 입혔으리라.

바위 틈새마다 뿌리를 내려 봄이 되면 제일 먼저 배시시 웃고 나서는 진달래꽃. 내 오늘 천길 낭떠러지 바위 틈에 피어있는 진달래꽃 한 아름 꺾었다. 천리 밖 지리산에서 매화꽃향기 보내온 그에게 화답을 해야겠다.

길

아름다운 비밀들이 구슬처럼 모여 있던 곳 유년의 골목길이다. 기억의 통로를 가만히 따라가 보면 평화로운 요람의 동산이 보인다. 이른 아침 동이 트는 골목길은 이슬 머금은 풀꽃들의 잔치마당이다. 담 밑 부드러운 흙에 아무렇게나 뿌리내린 호박넝쿨이 긴 손을 뻗어 기를 쓰고 흙 담을 향해 기어올랐다. 담장은 기다렸다는 듯 등허리를 내주어 여름내 호박을 업어 키웠다.

원두막이 세워지던 집 앞의 수박밭은 골목과의 경계가 쥐똥나무 울타리였다. 도타운 볕이 내려쬐는 날은 봇도랑에서 때를 말끔히 씻은 옷가지들이 울타리에 걸터앉거나 나란히 누워서 햇살 바라기를 했다. 키 작은 아이가 까치발로 마른 옷을 걷어

안으면 쥐똥꽃향기가 먼저 와서 안기곤 하였다.

어린 기다림이 사금파리처럼 반짝이던 골목. 소복하니 쌓아 놓은 흙무더기 속에 기다림을 묻어두고 풀꽃과 어우러지던 곳이다. 이른 아침 누렁소를 앞세워 천수답에 물을 잡으러 간 아버지는 저무는 길 위로 석양과 함께 돌아오셨다. 내가 태어나서 최초로 발을 옮겨놓은 길이고 내 삶이 발화되는 공간이었다. 봄날의 연한 하늘빛이 내려앉은 봇도랑물이 유난스레 소리를 굴리며 바쁘게 흘러가는 길을 따라가 보면 물은 아랫들 다랑논의 곡선을 따라 길을 잡았다. 휘어졌다가 다시 돌아 나오고 돌아 나오다 다시 휘어지는 곡선은 아버지의 길이었다.

논에 물을 허실 없이 가두려면 가래질을 해서 질흙으로 논둑을 발라야 했다. 아버지는 몇 날을 정성들여 도톰하게 논둑을 발랐다. 큰 골에서 내려오는 봇도랑물이 다랑논에 흘러들어 고이는 것을 보고 새끼들 입에 밥 들어가는 것 같다고 하시던 아버지의 기쁨이 한 논 가득하게 맑은 물로 넘쳤다. 맨발로 걸어보던 올망졸망 붙어있던 다랑 논배미의 봉긋한 논둑길은 내 마음에 새겨져 지워지지 않는 곡선이다.

다시 내 기억이 더듬어 가는 길, 들녘을 가로지르는 큰 거랑을 건너서 가파른 산등성이를 올라 휘어진 구비를 돌아가던 피낙골이다. 조상대대로 내려온 전답이기 때문인지 아버지는 그

곳 천수답에 유난히 애착을 가지셨다. 마치 조상 묘를 돌보듯 정성을 기울여 농사를 지으셨다. 강수량이 적어 흉년이라도 드는 해는 죄인이라도 된 것처럼 당신 자신을 탓하였다.

이른 봄날 젖은 거름을 한 지게 빠듯이 진 아버지가 앞서고 막걸리 주전자를 든 나는 자박자박 뒤를 따랐다. 계곡을 끼고 내려오던 오솔길이 갑자기 왼쪽으로 휘어져 계곡은 버려둔 채 홀로 등성이를 올랐다. 길이 험하니 먼 눈 살피지 말라고 아버지는 당부를 하신다. 호기심이 많은 나는 길가에 피어 웃어 재끼는 봄꽃들을 아는 체하다가 몇 번이나 넘어질 뻔했으나 용케도 재를 올랐다.

가쁜 숨을 몰아쉬며 올라간 아버지는 등성이를 넘어서자 지게를 받쳤다. 땀에 젖어 한숨 돌리시는 아버지를 향해 "아부지, 술 가져가까?" 하고 외치면 "참에나 묵자" 하시던 아버지 머리 위로 빈 가지에 걸려 있던 이른 봄 햇살이 비켜가고 있었다. 적막하던 산중에 부녀의 말소리에 놀란 장끼가 소리를 내지르며 건너 산으로 날아갔다. 어린 내가 처음으로 가보았던 그 길은 한 굽이를 지나 다다른 것인가 싶으면 다시 에움길을 서너 번 돌고서야 다닥다닥 계단을 이룬 천수답이 보였다.

그 후로 나는 혼자서 아버지의 새참을 날라야 했다. 인적 없는 산길을 혼자 걸어도 어린 나는 무섭지가 않았다. 나무나 풀들이 나를 다정하게 맞아주었기 때문이기도 했지만 아버지의 땀과 열망이 길에 녹아 있었기 때문이라는 것을 아버지의 발길이 멈추어진 후에야 알았다.

삼동를 보내고 아버지는 매일 피낙골을 오가며 농사를 지으셨다. 아버지가 고달픈 삶을 지고 와 바지게째 부려 놓던 다랑논. 살 얼음 헤치고 잡아놓은 작은 물줄기들이 모여 다랑다랑 물무늬를 만들고 있었다. 물이 찰찰 넘치는 논에다 모를 심듯 당신의 삶을 촘촘히 심으셨으리라. 가난한 삶을 짊어지고 가파른 길을 평생 동안 오르내리던 아버지의 길. 힘겨운 시대의 삶을 견뎌낸 그 완강함은 오직 자식들이 대로를 걸어갈 수 있다면 당신은 그보다 더 험한 길이라도 마다하지 않으리라는 생각 때문이었을 것이다.

아버지는 어린 막내딸에게 험하고 가파른 길에 새참을 나르게 하고, 살얼음 끼는 무논에서 소 끄는 일을 가르치셨다. 아버지의 그 깊은 속내는 단순히 일이 아닌 내가 걸어야 할 삶의 길임을 몸소 가르치신 것이었다. 인생의 과정인 학문이나 지식 속에서는 찾아내지 못하는 지혜로움을 터득하는 법을 가르친 것이라 믿어진다. 내게 주어진 인생길을 걸어오는 동안에 막다른 길을 만나거나 사막을 걸어가는 것처럼 막막할 때마다 아버지의 길은 나를 일으키는 힘이 되었다.

직선은 인간의 길이고 곡선은 신의 길이라 했던가. 내가 살아오면서 선호했던 길은 직선이 아니었나 싶다. 아버지가 걸어오신 소중한 곡선은 내안 깊숙이 숨겨둔 채, 무게도 없는 내 삶을 고달프다 여기며 직선의 대로를 질주해왔다. 어쩌면 아버지가 무거운 삶을 지고 걸어온 휘어진 길 때문에 혹여 내가 불행해지기라도 할까봐 아버지의 길을 가차 없이 내버리고 잊고 살지는 않았는지.

길은 없고 시간과 목적만이 달려가는 직선. 내 앞에 펼쳐진 대로를 정신없이 질주하다 지쳐 휘어진 아버지의 길에 들어서면 곡선의 길은 내 안으로 천천히 걸어 들어오곤 했다.

자식들은 번듯한 대로로 걷게 하고 휘어진 길로 당신의 삶을 힘겹게 져 나르시다 가신 아버지. 평생을 오가던 길을 되돌아가서 골짜기의 사시사철이 한눈에 보이는 아늑한 산자락에 바위처럼 앉아있다. 묵혀진 다랑논을 안타까운 듯 쓸쓸히 바라보고 계시는 것 같다. 아버지의 열망과 숨결이 살아있던 길은 아버지만의 길로 아득히 묻혀가고 있다.

안개바다

여름비가 잦다. 자정을 넘긴 시간에 들려오는 빗소리는 귀 기울이지 않아도 처량한 생각에 나도 모르게 많은 생각들을 불러 모은다. 젊은 날의 빗소리는 열정을 몰고 왔다. 우산 없이도 밤비 속을 헤매고 다녔다. 이를 두고 심리학자는 일종의 반항심리라 했다. 이제 그 소낙비 같은 열정의 시간들이 내게서 떠나고 안개비로 내리는 것은 세월의 힘일 것이다. 다만 오늘밤은 불현듯 뛰어가고 싶은 산길이 떠오른다. 비가 오면 유난히 안개가 짙게 깔리는 곳이다. 날이 밝아오면 그곳에 안개를 만나러 가야겠다.

산 넘어 산 속의 아득한 길, 수많은 능선 중에 유독 여인의 목

덜미를 닮은 능선이 길이 되었다. 그곳에는 사방을 둘러봐도 온통 산뿐이다. 모든 산등성이의 곡선이 마치 파도처럼 물결을 이루는 광경은 언제 봐도 신비롭기만 하다. 아무도 찾지 않는 한적한 낯선 산길을 찾아다니기를 좋아하는 나는 그 길을 발견했을 때 마치 보석이라도 찾은 듯이 반갑고 행복했다. 비가 오는 날에는 셀 수도 없는 많은 봉우리들이 어디론가 숨어버리고 안개바다가 꿈결처럼 펼쳐지는 것이었다. 나는 잔잔한 안개바다에 한 척의 배가 되어 떠다니곤 했다. 침몰해 버리고 싶은 심정으로 안개 속을 달려가는 것은 달려본 사람만이 알 수 있는 조마조마하고 가슴 뛰는 일이다.

한치 앞을 보지 못하고 내닫는 것이 우리네 삶이다. 돌아보면 바로 저 안개 속 같은 것이 아닐까. 사랑과 미움, 기쁨과 슬픔, 행복과 불행, 이들은 보이지 않는 곳에 자리하고 있다가 어느 순간에 우리를 웃게도 하고 울게도 한다. 보이지 않는 곳을 향해 얼마나 허우적대며 아우성을 쳤던가. 안개는 밝음 속의 하얀 어둠이라고 했다. 저 안개의 표정이 나에게 삶의 길을 말하고 있는 것은 아닐까. 안개 그 미망 속을 걸어가고 있는지도 모른다. 한세상 살아간다는 것이 바로 저 안개 속이었다. 이를 깨달은 것은 보이지 않는 안개 같은 시간이 흐른 후였다.

안개 속, 어쩌면 볼 수 없어 편안한 것인지도 모른다. 눈앞에 보이는 모든 것들이 멈추어지면 언제나 나를 혼란스럽게 하는 많은 생각들도 멈춘다. 그저 몽롱해질 뿐이다. 마치 술에 취하면 모든 시름들이 내 속을 떠나는 것처럼. 나도 모르게 마음 평화로워지는 안개 속은 마치 꿈속의 풍경 같다. 마리로랑생은" 인생은 살 것이 아니라 꿈꿀 것이다." 라고 했다. 그래서 그는 안개의 덫에 걸린 것 같은 그림을 즐겨 그렸던 것일까. 가려진 것도, 훤하게 보이는 것도 어차피 인생은 한바탕 꿈속이란 걸 말하려 했을지도 모른다.

살아오면서 현실과의 타협에서 늘 밀려나야 했던 나는 언제나 꿈을 꾸듯 몽롱한 안개 속이 은신처라도 되는 양 좋았다. 숨 막히듯 선개되는 생년부지의 현실늘이 나를 가로막을 때는 차라리 외면해 버리고 안개 속에서 꿈을 꾸듯 그렇게 살고 싶었다.

알 수 없는 세계를 우리는 안개속이라 하고 또한 자신을 쉽게 드러내어 놓지 않는 사람을 안개로 가려진 사람이라고 한다. 누구나 남에게 보이고 싶지 않은 비밀 한두 가지쯤은 행여나 밝혀질까 두터운 안개로 가려 두고 사는 것은 아닐까. 드러내어놓을 수 없는 부분을 무엇으로라도 가릴 수 있다는 것은 얼마나 다행한 일인가. 내 속에 가려진 것은 어떤 것들일까. 일상 속에 휩쓸려 웃다가도 어느 순간 못 견디게 가슴 저려오는 슬픔, 또는 아픔들, 세상살이 들여다보면 누구나 바람 잘 날 없고 희뿌연 안개 속이다.

소중한 비밀 하나쯤은 아무도 모르게 내 영혼 깊숙한 곳에 덮어두고 싶다. 그것이 남들이 알지 못하는, 아니 알 수 없는 내면의 기쁨이면 더욱 좋을 것이다. 슬픈 비밀이면 또한 어떠하리. 나만이 알고 있는 안개 속에 가물가물 피어오르는 그리움이나 애달픈 사연이라면 내 슬퍼도 어찌하지 못하리라. 안개바다, 그 곳에 우리의 삶이 녹아 흐른다. 우연과 필연의 인연들이 끈을 이으며 펼쳐지고 있다.

절망의 밑바닥에서 헤어나지 못할 때는 안개 속을 가보라. 보일 듯 말 듯 산봉우리를 감아올리는 한바탕 안개의 춤 속을 꿈꾸듯 바라보면 어느새 가슴이 환하게 밝아 옴을 느낄 것이다. 그러기에 나는 침몰해 버리고 싶던 안개 바다를 헤엄쳐서 돌아오는 것이다.

다시 겨울의 정원에서

정원의 벚나무는 꽃을 앞세워 내게로 왔다. 화사한 꽃망울이 한날한시에 박상 튀겨 내듯 꽃이 터졌다. 구름 떼처럼 떠 있는 꽃무리 위를 나는 몇 날을 둥둥 떠다녔던 것 같다. 그러나 속절없이 떠나는 저들의 뒷모습에 애잔함만 더했다.

"꽃 한 조각 떨어져도 봄빛이 줄거늘 수만 꽃잎 흩날리니 슬픔 어이 견디리."

두보의 시를 내게 전해주고 봄날은 그렇게 갔다. 다섯 그루의 벚나무 가족이 살고 있는 뜰에 꽃 진 뒤의 잎들이 오월을 달려와 유월과 마주섰다. 초록 비 나무 위로 풍성하게 다녀간 후 마술사처럼 녹색 망토를 걸쳐 입은 벚나무는 서둘러 여름을 맞이

했다. 자글거리는 햇살이 몰려와 붐비는 한낮. 성숙해진 잎들을 맘껏 펼쳐 넉넉한 그늘 자락을 내어놓았다.

그러던 어느 날 벚나무 그늘 아래 아름다운 풍경 하나 그림처럼 걸렸다. 아빠 벚나무와 딸 벚나무 사이에 요람이 묶여졌다. 다섯 살 딸아이를 요람에 태운 외국인 아빠가 요람을 어르고 있었다. 오랜만에 만나본 평화로운 풍경이다. 이곳에는 벚나무가 있는 뜰을 앞에 두고 많은 사람들이 살고 있다. 그러나 사람들의 각박한 삶은 벚나무가 내어주는 그늘 한자락 누릴 여유가 없는 걸까. 다들 무엇에 마음을 쏟아 붓고 있는지 그늘을 내어 놓은 자리가 허전하기만 했다. 아름다운 저 풍경은 누리는 사람만이 가질 수 있는 소중한 여유일 것이다. 유월의 벚나무 아래 여자 아이의 해맑은 웃음소리가 햇살처럼 번져나가고 있다.

그는 꽃 피는 봄날에 가을바람처럼 떠났다. 나 혼자 어떻게 살아낼까? 걷잡을 수 없는 설움을 어쩌지 못해 그의 뒤를 따라갈 듯 주변을 정리했으나, 끝내 남겨진 것은 나 혼자의 삶이었다. 혼자 남겨졌다는 절박함을 안고 내 한 몸 들일 곳을 찾던 중 발길이 머문 곳이 이곳이었다. 작은 뜰을 앞에 두고 다세대가 모여 살고 있었다. 집을 보러 왔는데 나를 반갑게 맞아준 것은 뜰에 모여선 벚나무들이었다.

도심을 약간 벗어난 이곳은 낮에는 개미 한 마리 얼씬하지 않

다가 밤이 되어서야 집집마다 불빛이 흘러 나왔다. 다시 날이 밝으면 사람들은 저마다 일터로 떠날 것이다. 한가함을 잊고 삶을 내달리는 사람들을 안타까이 바라보던 벚나무는 이집 저집 기웃대며 집을 지켰다.

작은 뜰에다 햇살을 초대하고 바람을 불러들여 함께 공존하며 자연에 순응하며 살아가는 벚나무들. 저들을 보며 몸에 밴 초조함 때문에 한유롭지 못한 나를 새삼 발견했다. 좁은 뜰에서 몸 부비며 살아가는 나무들을 오전에 알고 지냈던 것처럼 정감이 갔다. 어린 시절 시골집 작은 방에 모여 살았던 식구들의 모습이 떠올랐다. 홀로 남겨진 나는 흩어졌던 혈육들이 다시 모여든 것처럼 저들이 반가웠다.

내 유년의 사랑채 뒤뜰에는 늙은 감나무가 서 있었다. 지금 생각해 봐도 감나무의 나이를 가늠할 수가 없다. 밑둥치의 둘레가 어른 둘이 양 팔을 벌려 안아도 모자랐다. 감나무가 그늘 자락을 내어주는 여름이면 평상이 자리를 잡았다. 아버지는 실한 가지에다 해마다 그네를 매는 것을 잊지 않았다. 여름 한나절 들일을 하다 돌아와 그네를 밀어주던 살가운 유년이었다. 평상이 치워지고 그네가 걷어질 때면 감나무에는 빨간 감이 매달렸다. 감을 따서 독 속에 넣어 곳간에 두면 아이들은 겨우내 생쥐처럼 곳간을 들락거렸다. 옛집이 흘리면서 감나무도 사라졌다.

아늑했던 추억만 그리움으로 남았다.

매미소리가 귀청을 찢는 한낮. 여름은 아직 떠날 생각이 없는지 대지를 후끈 달구었다. 그러나 이미 구월이 정원에 발을 들여 놓았다. 저만치 높아진 하늘이 푸른 손짓으로 건들마를 불러내렸다. 벚나무의 파란 옷자락이 조금씩 탈색되고 한두 잎에 노란 물감이 번져 나갔다. 어디서 불어 왔을까. 말간 바람 한 줄기 벚나무의 옆구리를 연신 간질이고 있었다.

간지럼 타는 벚나무는 붉은 단풍에게 잎을 모두 내어주고 말았다. 봄꽃이 애잔함을 자아내게 했다면 타오르는 단풍은 마지막 정열을 불태운다고 할까. 화려한 단풍의 축제는 일시에 지고 마는 봄꽃보다 조금 길었다. 축제가 끝난 어느 날 바람에게 가지를 맡긴 벚나무는 수행승처럼 가부좌를 틀고 앉았다. 자신이 입었던 옷가지를 가지런히 벗어놓고. 꽉 찼던 정원이 질서정연하게 스스로를 비워내고 있었다.

그를 보내고 세 번째의 겨울을 맞는다. 그와 함께 살아온 세월이 서른다섯 해였던가. 생각을 해보니, 훗날 무슨 부귀영화라도 볼 것처럼 우리는 앞만 보고 내달렸다. 바람이 없는 날 바람개비를 돌리기 위해 길 위를 내닫는 아이들처럼 말이다. 짧지 않은 세월이었으나 마주 본 날은 길지 않았다. 부귀영화란 것이 마주 보고 있을 때란 것을 깨달았을 땐 이미 영화는 끝이 났다.

이른 아침 창가에 서서 정원을 내려다본다. 나보다 일찍 일어난 벚나무들이 나를 반긴다. 나는 밤새 모아둔 이야기를 두런두런 건넨다. 이제 먼 눈길 던지는 시간에서 벗어나고, 슬픔과 애착에서도 자유롭고 싶다고. 그럴 때 벚나무는 가족처럼 둘러 앉아 내 말을 들어주는 것이었다.

한자리에 꼿꼿이 서서 꽃을 달고 비를 맞고 설한풍에 맨몸으로 맞서는 벚나무들과 함께 이곳에 터를 잡았으니, 내 삶도 저 벚나무처럼만 살 수 있다면 더 바랄 것이 없지 않을까 싶다. 한 잎 남김없이 잎을 다 버린 벚나무 가족들. 다시 겨울의 정원에서 나는 나무에게 생뚱맞은 말을 걸어 보는 것이다. 나는 무엇이며 어디서 왔고 어디로 가는지를.

"때를 알아 변할 줄 알아야 한다. 하늘이 무슨 말을 하더냐. 하늘은 말 없는 가운데 봄, 여름, 가을, 겨울을 가고 오게 하지 않더냐."

주역의 말씀을 벚나무가 오늘아침 내게 엄숙히 전해 주었다.

정서윤 수필집
매화에 들키다

인쇄 | 2015년 12월 15일
발행 | 2015년 12월 20일

글쓴이 | 정서윤
펴낸이 | 장호병
펴낸곳 | 북랜드
서울 강남구 강남대로 320 황화빌딩 1108호
대표전화 (02) 732-4574 | (053) 252-9114
팩시밀리 (02) 734-4574 | (053) 252-9334

등 록 일 | 1999년 11월 11일
등록번호 | 제13-615호
홈페이지 | www.bookland.co.kr
이-메일 | bookland@hanmail.net

ISBN 978-89-7787-652-1 03810

값 12,000원

* 이 책은 2015 경상북도문예진흥기금으로 출판비의 일부를 지원받았습니다.